GUILIN MINSU CHANYE FAZHAN LANPISHU

桂林民宿产业发展
蓝皮书

程　冰　罗建章　钟　泓　张雪华／著

重庆大学出版社

图书在版编目(CIP)数据

桂林民宿产业发展蓝皮书/ 程冰等著. -- 重庆:
重庆大学出版社，2023.7
ISBN 978-7-5689-3927-0

Ⅰ.①桂… Ⅱ.①程… Ⅲ.①旅馆—服务业—产业发
展—研究报告—桂林 Ⅳ.①F726.92

中国国家版本馆 CIP 数据核字(2023)第 093263 号

桂林民宿产业发展蓝皮书

程 冰 罗建章 钟 泓 张雪华著
策划编辑:尚东亮
责任编辑:黄菊香 版式设计:尚东亮
责任校对:刘志刚 责任印制:张 策
*
重庆大学出版社出版发行
出版人:饶帮华
社址:重庆市沙坪坝区大学城西路 21 号
邮编:401331
电话:(023) 88617190 88617185(中小学)
传真:(023) 88617186 88617166
网址:http://www.cqup.com.cn
邮箱:fxk@ cqup.com.cn (营销中心)
全国新华书店经销
重庆亘鑫印务有限公司印刷
*
开本:720mm×1020mm 1/16 印张:8.25 字数:119 千
2023 年 7 月第 1 版 2023 年 7 月第 1 次印刷
ISBN 978-7-5689-3927-0 定价:58.00 元

前　言

　　桂林是中国最早对外开放的旅游城市之一,被称为"中国旅游晴雨表"。自党的十八大以来,桂林的发展上升为国家战略,桂林先后获批"国际旅游胜地建设"、全国首批健康旅游示范基地、首批国家可持续发展议程创新示范区,"1+2"国家战略顺利实施。"打造桂林世界级旅游城市",是习近平总书记在新发展阶段为桂林指明的高质量发展之路。桂林市将把打造桂林世界级旅游城市作为重大政治任务,全力推动桂林世界级旅游城市建设驶入快车道。力争到2035年,将桂林全面建成经济发达、城乡繁荣、社会文明、城市宜居、人民幸福的世界级旅游城市,与全国全区同步基本实现社会主义现代化。

　　民宿作为链接城乡、融合三产、传承在地文化、传播美好生活方式的重要载体和新兴旅游业态,受到桂林市历届市委、市政府高度重视。桂林市委、市政府始终将民宿产业视为乡村振兴战略的重要抓手和桂林旅游转型升级的有力支撑,坚持改革创新,坚持政策扶持,探索出了一条通过民宿产业实现减贫增收、改善营商环境、传播在地文化、推进乡村振兴的道路。

　　桂林民宿产业尽管受到了新冠疫情的严重冲击,但我们充分看到了旅游业的发展韧性以及供给侧结构性改革、消费升级背景下旅游者对民宿产业的巨大需求。为进一步了解桂林民宿产业发展现状,总结提炼可复制、可推广、可分享的民宿产业发展的"桂林经验",为民宿战"疫"以及未来的可持续发展提供资政建议,本书结合桂林旅游学院民宿课题组的研究成果,提到桂林未来旅游民宿产业发展的对策建议。通过资料收集、问卷调查、实地考察与访谈座谈等形式,结合在线平台数据和网络爬虫技术,收集了桂林民宿产业发展的基本数据;利用 ArcGIS 地理分析技术对统计数据进行空间可视化分析,掌握了桂林民宿产业发展的现状、经验、存在的问题等一手资料;通过对获取的民宿产业旅游数据和指标进行可视化分析,总结出民宿空间集聚分布的总体特征,分析影响民宿分布的因素,以期引导桂林民宿产业合理布局发展。书中还收入优秀桂林民宿发展案例,以期展示桂林民宿在产业在地文化营造、新媒体营销、与乡村社区共荣共建方面取得的成果,为乡村振兴战略提供民宿方案。

程　冰

2023 年 5 月

目　录

第一章　桂林民宿产业发展概况

桂林风景秀丽、文化底蕴深厚、生态环境良好、旅游资源丰富,是国内民宿产业起步最早的地区之一。桂林民宿产业自 20 世纪 90 年代发展至今,已经成为桂林旅游业的重要补充。

一、民宿的基本概念

依照文化和旅游部 2019 年发布的《旅游民宿基本要求与评价》行业标准,旅游民宿被定义为利用当地民居等相关闲置资源,经营用客房不超过 4 层、建筑面积不超过 800 平方米,主人参与接待为游客提供体验当地自然、文化与生产生活方式的小型住宿设施。《旅游民宿基本要求与评价》特别突出强调了对中华传统家文化体验、优秀地方文化传播、绿色环保与社会责任,强调民宿主人参与接待,并将民宿主人热爱生活、乐于分享、与当地居民形成良好的邻里关系作为评价的重要内容。旅游民宿分为三星级、四星级、五星级三个等级,等级越高,代表民宿接待设施与服务品质越高。

二、发展历程

纵观桂林民宿产业的发展历程,可以发现,民宿作为旅游业的衍生新业态,随着桂林旅游业的不断发展而壮大,具体可分为以下四个阶段。

（一）萌芽起步阶段（20 世纪 90 年代）

桂林旅游民宿起源于 20 世纪 90 年代，至今已有近 30 年。陈秀英在阳朔遇龙河边的小别墅面向游客开业，被认为是桂林最早的民宿。这一阶段，桂林旅游业经过 20 多年的发展，成为国际游客关注的重要旅游目的地，并逐渐吸引大量国内游客。起步初期的民宿，已体现出民宿主人文化的特点。桂林旅游业除出现了少量民宿初级产品外，餐饮、住宿类产品仍以传统的酒店、饭店、农家乐为主。

（二）东西方融汇的发展阶段（2000—2016 年）

这一阶段，桂林被列为国家旅游综合改革试验区。2012 年 11 月，经国务院同意，国家发展和改革委员会批复了《桂林国际旅游胜地建设发展规划纲要（2012—2020 年）》，桂林迎来了旅游发展的新时期。作为国际知名旅游目的地，桂林的旅游发展一直带有鲜明的国际化烙印，这也反映在桂林民宿产业的发展历程中。2002 年，美国人伯昆在遇龙河的胜地酒店开业；2007 年，荷兰夫妇卡斯特和鲍琳的格格树酒店开业；2009 年，来自南非的尹恩在阳朔旧县村投资改造闲置传统民居，2012 年开业，成为阳朔民宿的新地标。这一阶段，民宿数量也大幅增加。2018 年 3 月，桂林市商务局公布的调查数据显示：2002 年，桂林市民宿有 130 多家，到 2007 年，桂林全市民宿数量增至 490 多家，5 年内增加了 276.9%。桂林民宿产业发展的这些关键节点和数据充分体现了国际化和桂林在地文化的结合，有效建立了桂林民宿产业平台，为民宿产业的大发展奠定了良好的基础。

（三）规范化、品质化、品牌化提升阶段（2017—2019 年）

2018 年 2 月，桂林成为首批国家可持续发展议程创新示范区，"1+2"国家战略的顺利实施，标志着桂林国际旅游胜地建设已进入升级发展新阶段。这一阶段，桂林民宿的质量和数量都得到迅速提升。2019 年 11 月携程网数据显示，截至 2019 年，桂林市民宿共有 2 129 家，较 2017 年增长 334.5%，产业发展迅速。与此同时,民宿产业进入规范化、品质化、品牌化阶段。2017 年,桂林民宿协会、阳朔民宿协会挂牌成立,标志着桂林民宿产业初步形成自我管理、自我服务的态势。同年,桂林市评选出 10 家"金宿"、10 家"银宿"以及 10 家"网络人气民宿"。2018 年,阳朔民宿学院成立。同年,世界最大的分享住宿平台爱彼迎与原桂林市旅游发展委员会、桂林旅游学院合作,在龙胜龙脊金江村江边组开始进行民宿扶贫试点。2019 年,桂林市出台《桂林市人民政府关于加快民宿经济发展的指导意见》,创造性地将民宿列入地方性法规的范畴,鼓励城乡居民利用自有住宅或其他条件兴办民宿和农家乐。桂林民宿产业的规范化、品质化、品牌化效益初显,出现了一批民宿集聚区和头部品牌民宿,对桂林民宿产业的发展起到了积极的示范引领作用,提升了桂林山水美宿的整体形象。如阳朔遇龙河、桂林桃花江等民宿集聚区,以及在 2019(第二届)博鳌国际民宿产业发展论坛上入选全国十大民宿游学基地的竹窗溪语、和舍等桂林民宿。爱彼迎桂林龙胜乡村旅游扶贫项目被评为 2019 世界旅游联盟旅游减贫案例和世界银行、联合国粮农组织"全球减贫案例征集活动"最佳案例。

(四)疫情后的多元共生阶段(2020—　)

2020 年初,新冠疫情对民宿产业带来严重冲击,一些品质差、特色不鲜明、服务能力不足的民宿,特别是以租赁为主、面临较大的租金和人力成本压力的民宿,逐渐退出市场。但在供给侧结构性改革、消费升级的背景下,民宿产业规范化、品质化、品牌化的发展道路方向不会发生较大变化。新冠疫情也会从侧面加速民宿产业的优胜劣汰和结构调整,推动民宿产业良性发展。

总的来说,近 30 年来,桂林民宿从原来仅在阳朔县的十几家,发展到今天遍布桂林各区县的 1 943 家;从原来的日接待量百余人,发展到今天的日接待量万余人;从原来的"少、小、简",只能满足游客的基本住宿要求,发展到今天的"新、奇、特",能满足不同层次、不同游客的需求,带动了桂林旅游经济和社会经济的发展。桂林逐渐探索出了一条生态、文化、旅游融合民宿产业发展之路,为其他地区提供了可复制、可推广、可分享的民宿产业发展"桂林方案"和"桂林模式"。桂林民宿产业发展历程如图 1-1 所示。

20世纪90年代	2000—2016年	2017—2019年	2020—
起步阶段	东西方融汇的发展阶段	规范化、品质化、品牌化提升阶段	

图 1-1　桂林民宿产业发展历程

三、桂林民宿产业发展现状

桂林优质的山水、文化、少数民族资源和禀赋,为桂林民宿产业发展提供了重要的吸引力支撑和发展内核;桂林毗邻珠三角城市群,城乡居民收入的持续增长,乡村休闲旅游需求和居民消费能力日益旺盛,为桂林的民宿产业市场提供了主力消费群体;活跃的民间旅游资本、良好的互联网环境和浓郁的文创氛围,以及一群致力于乡村生活的民宿投资商和经营者,构成了桂林民宿产业发展良好的营商环境。在上述条件的推动下,桂林的民宿产业已经成为桂林旅游业的重要补充。

(一)民宿产业成为桂林住宿业重要组成

2018 年,桂林旅游总人数达 1.09 亿人次,比上年同期增长 33.28%。其中,国内游客 1.06 亿人次,同比增长 33.3%;入境过夜游客 274.70 万人次,同比增长 10.4%,港澳同胞、台湾同胞游客人数分别增长 20.7% 和 9.8%,东盟十国游客人数增长 13.4%。2018 年,桂林旅游总收入为 1 391.75 亿元,同比增长 43.2%,其中国内旅游收入 1 290.89 亿元,同比增长 46.2%,国际旅游(外汇)收入 15.24 亿美元,同比增长 15.8%。2019 年,桂林全年接待游客 1.38 亿人次,同比增长 26.

7%,旅游总收入为 1 874.25 亿元,同比增长 34.7%。旅游接待人次和总收入持续增长。乡村旅游、民宿旅游、健康医养等旅游新业态快速发展,文化创意演艺、休闲度假等旅游新产品蓬勃发展,为桂林发展增添了新动力。

2018 年,桂林在线住宿市场规模达到 3 605.86 万人次,同比增长 37.53%,保持了较高的增速,显示了旺盛的住宿需求。携程网 2019 年 11 月数据显示,桂林市在线民宿房源数量达到 2 129 家,床位近 5 万张。因受疫情影响,2021年 9 月统计,民宿房源数量有所下降,在线民宿房源数量为 1 943 家。民宿成为旅游者在选择住宿产品时的重要选择之一,约占桂林市住宿市场规模的三分之一。

(二)民宿数量和空间分布与旅游目的地品牌影响力紧密相关

目前,桂林全市各县(区)均有一定数量的民宿,但发展不均衡。根据携程网官方统计数据,截至 2021 年 9 月,桂林市 1 943 家民宿中,客房数 14 间(含 14间)以下的民宿有 810 家,占 42%;客房数 15~30 间的民宿有 1 133 家,占 58%。从地域分布来看,阳朔客房数量 14 间及以下的民宿有 374 家,占 46%,客房数量 15~30 间的民宿有 424 家,占 37%;桂林市区客房数量 14 间及以下的民宿有177 家,占 22%,客房数量 15~30 间的民宿有 404 家,占 36%;龙胜客房数量 14间及以下的民宿有 168 家,占 21%,客房数量 15~30 间的民宿有 160 家,占14%;其他各县客房数量 14 间及以下的民宿 125 家,占 11%,客房数量 15~30间的民宿有 160 家,占 14%,具体如图 1-2、图 1-3 所示。桂林市区、阳朔和龙胜由于旅游知名度较高,民宿数量比其他地区相比较多,且高品质、特色化民宿集中分布。桂林民宿产业已经形成以桂林市区、阳朔、龙胜为代表的民宿集聚区,其中最集中的区域是阳朔和桂林市区。

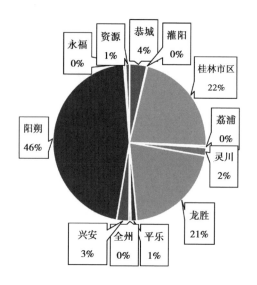

图 1-2　桂林客房数量 14 间及以下的民宿数量分布

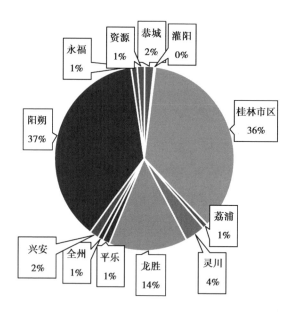

图 1-3　桂林客房数量 15~30 间的民宿数量分布

（三）民宿价格差异较大，经济型民宿占主流

从价格结构看［人民币元/（间·天）］，桂林客房数量 14 间及以下的民宿价

格在 100 元以下的占 27.54%,100～299 元的占 51.02%,300～499 元的占 12.87%,500 元及以上的占 8.58%。桂林客房数量 15～30 间的民宿价格在 100 元以下的占 46.37%,100～299 元的占 36.9%,300～499 元的占 9.1%,500 元及以上的占 7.63%。调查可知,桂林民宿价格整体处于中低端,价格高的民宿偏少,而其中租赁民宿价格高于自营民宿。阳朔的民宿价格高于其他县区民宿。这与阳朔是世界知名的旅游目的地有较大关系,阳朔丰富的旅游资源吸引了世界各地大量的游客,民宿成为游客的重要选择。因此,阳朔的民宿相对紧俏,价格较一般地区高。

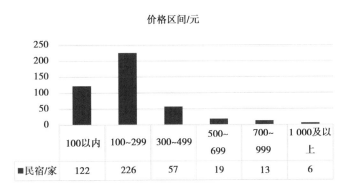

图 1-4　桂林客房数量 14 间及以下的民宿价格分布

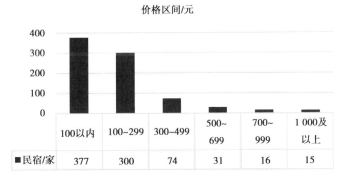

图 1-5　桂林客房数量 15～30 间的民宿价格分布

（四）民宿集中分布在生态环境较好的区域

从桂林全市范围来看,桂林民宿主要分布在重点旅游县及市郊,如图1-6所示。桂林民宿具体分布形态有四种:一是景区边缘区密集分布。民宿集中分布于景区、景点周边,漓江景区、龙脊梯田景区聚集了大量的民宿。二是沿江、沿河、沿温泉分布。阳朔遇龙河沿岸、桂林桃花江沿岸、小东江沿岸、龙胜温泉等依山傍水且环境优美的江河岸边也聚集了大量的民宿。三是分散分布在主要乡村旅游区内。如阳朔、兴安、龙胜、灵川等县乡村旅游较为发达的区域分布了一定数量的民宿。四是聚集在特色旅游街区和旅游名镇(村)。阳朔西街、兴坪,恭城红岩村,灵川大圩镇毛洲岛、九屋镇,兴安水街,秀峰区鲁家村等都有民宿集聚区。

（五）桂林民宿星级评定为民宿提质升级提供基础

2017年原桂林市旅游发展委员会、桂林市商务局、桂林民宿协会等对桂林民宿进行星级评定后,桂林有20家民宿被评为金宿级、银宿级。其中,金宿级:阳朔8家、桂林市区1家、龙胜1家;银宿级:阳朔3家、龙胜4家、兴安1家、桂林市区2家。一些品牌形象好、设计有特色、经营有内涵的民宿已成为旅游目的地。

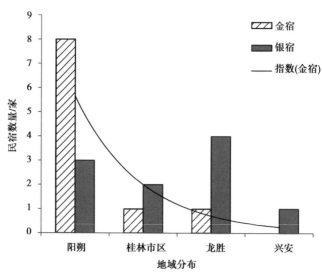

图1-6　各区域金宿、银宿级民宿数量

（六）民宿消费呈现以中等收入青年群体为主的特征

根据调查可知，桂林民宿消费者覆盖范围广，面向国内外广泛的客源市场。从性别来看，购买群体中女性偏多；从年龄来看，民宿消费者以青年为主，年龄小于 20 岁的占 27.54%，21~30 岁的占 60.59%，31~40 岁的占 6.36%，40 岁以上的占 5.51%；从消费能力来看，中低、中等、中高和高消费者分别占 23.8%、23.3%、18.7% 和 26.3%，主流用户消费能力区间跨度较大。

（七）民宿产业参与范围较广，营销渠道多元化

桂林民宿产业参与者一般由房源提供方、经营者、第三方在线预订平台以及其他相关领域等组成。民宿房源提供方主要有村民（提供宅基地），村集体（提供公建设施），地产商，古城、古街、古镇、古村房、景区等的所有者。从事桂林民宿经营者一般是自主经营者（房主）、自由租赁经营者、商业资本投资商、专业运营团队等。民宿业主女性多于男性，以"70 后""80 后"为主，多数有旅游相关领域从业经验。2017 年后民宿成为投资热点，从旅游外领域进入民宿行业的民宿主显著增多。

在营销推广方面，民宿运营者采取第三方预订平台、朋友圈口碑宣传或通过网站、公众号、电子媒介等手段进行营销，以网上营销为主。第三方预订平台以在线旅游代理（包括携程、去哪儿、飞猪、驴妈妈、Tripadvisor 猫途鹰等）和民宿垂直平台（途家、木鸟、Airbnb 爱彼迎和 Booking 缤客等）为代表。

第二章　桂林民宿空间分布状况

一、桂林民宿的空间分布特征

（一）桂林民宿呈集聚发展特征

根据对桂林民宿集聚区的民宿进行定点定位分析,显示桂林民宿密度集聚以桂林市区、阳朔、龙胜和兴安四个地区为中心,仅在这四个集聚区范围内的民宿数量就占桂林地区民宿总量的 95.12%。桂林民宿在空间上呈集聚分布状态,民宿分布呈现多核心组团,单核心外围递减,中部较强、外围较弱的分布特征。其中,桂林市区由于其历史文化优势和区位优势都为民宿这种新业态提供了良好的发展基础,民宿快速发展并集聚。阳朔由于有较为发达的社会经济基础、良好的旅游发展条件和大规模的旅游市场客源,成为民宿集聚发展模式最多样、规模最大、经营最成熟的区域。龙胜、兴安等地凭借自身得天独厚的旅游资源和桂林市区旅游客源共享的优势,成为桂林民宿集聚发展的显著区域,是休闲度假市场的重要组成,为民宿集聚发展提供了资源优势。

（二）景区周边民宿呈密集分布特征

由图 2-1a、2-1b 可知,以 3A 级以上景区点位为中心分别建立了 5 千米、10 千米和 20 千米的缓冲区,落在 5 千米缓冲区内的民宿占 81.63%,落在 5~10 千米缓冲区内的民宿占 13.37%,落在 10~20 千米范围内的民宿只有 5%。距景区较近的 5 千米范围内民宿分布比率很高,在远离景区的区域民宿数量则急剧下降。景区周边民宿密集分布特征明显,主要由于景区周边来往游客众多,对住宿的需求量大,而民宿在提供住宿的同时,还能提供享受本地乡土文化、特色美食等机会,增加了旅游目的地的吸引力。

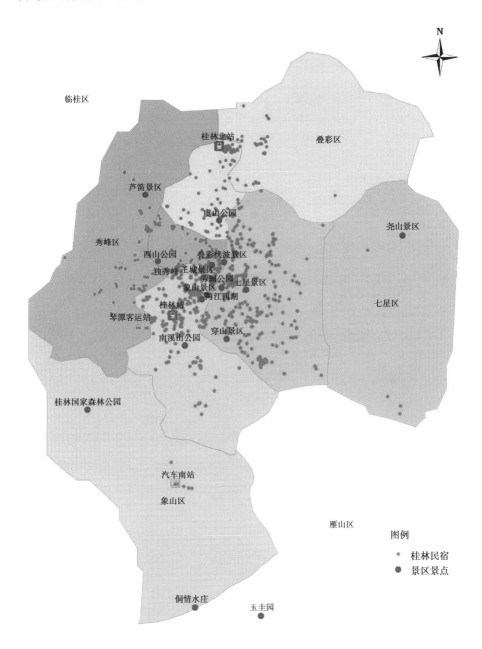

图 2-1a 桂林市区核心景区民宿分布

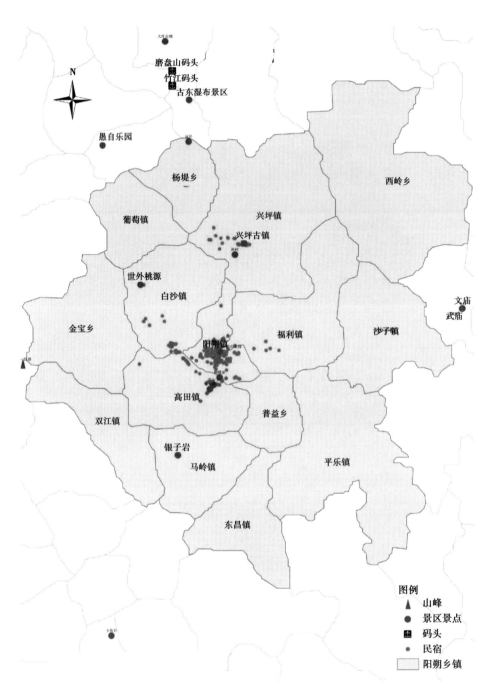

图 2-1b　阳朔核心景区民宿分布

(三)民宿聚集度呈现快速提升特征

根据对桂林民宿整体平均最临近距离分析可知,桂林市区民宿整体平均最临近距离从2011年的3 056米缩短到2019年的320.15米(图2-2a),环桂林市区民宿的集聚程度由不集聚到集聚,集聚程度呈现逐年急速提升的特征。叠彩景区—象山景区—两江四湖景区—芦笛岩景区,其中芦笛岩景区的鲁家村—庙门前村—张家村村域集聚的以环芦笛岩景区为极核的桃花江线状核心集聚区,并在村域和社区周围形成了多处点状集聚的民宿区极核。从阳朔民宿的聚集度分析来看,阳朔民宿整体平均最临近距离由2011年的1 203米缩短到2019年的21.34米(图2-2b),环阳朔民宿的集聚程度由集聚到强烈集聚,集聚程度呈现出急速提升的特征。研究可知,阳朔民宿已经在遇龙河风景区毗邻村域形成高度集聚的民宿空间分布,形成以"竹苑寨—鸡窝渡村—旧县村—矮山村—兰树坑"为极核的环遇龙河线状核心集聚区,并在镇域周围形成了多处点状集聚的民宿区极核。阳朔县城、"兴坪古镇—大河背—镰刀湾—渔村"沿线区域民宿也高度集聚。

(四)民宿沿交通干线聚集分布显著

根据对民宿与交通干线关系研究可知,桂林市区和阳朔县区民宿与公路交通干线的平均距离为350.23米、120.19米,92%的民宿位于道路0.5千米的缓冲范围(图2-3a、图2-3b)。位于这个区域的低端、中端和高端民宿数量分别占91%、82.6%和75.3%,民宿对交通的依赖性都较强。

(五)不同等级民宿对周边居民生活区依赖度不同

根据对阳朔兴坪的12个居民生活区周边按照缓冲带为0.5千米的范围进行分析可知,民宿与最近的居民生活区的平均距离为105.36米,67.12%的民宿位于居民生活区0.5千米范围内。其中,低端民宿和中端民宿的比率为91.2%和83.5%,高端民宿则为62.24%。这说明民宿等级越高,对居民生活区的空间依赖性越小。

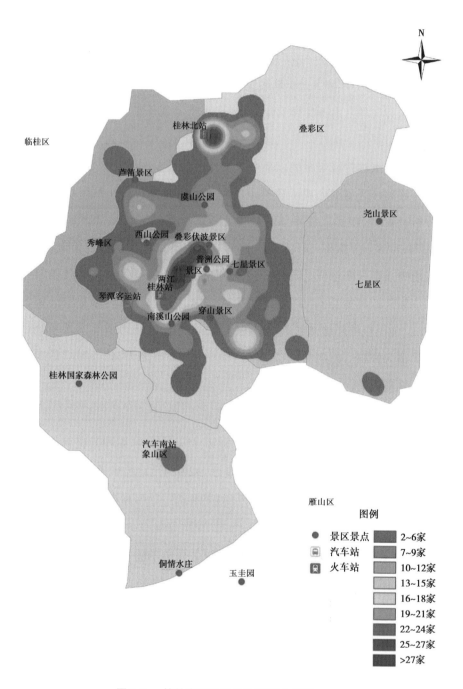

图 2-2a　桂林市区民宿分布密度分析图

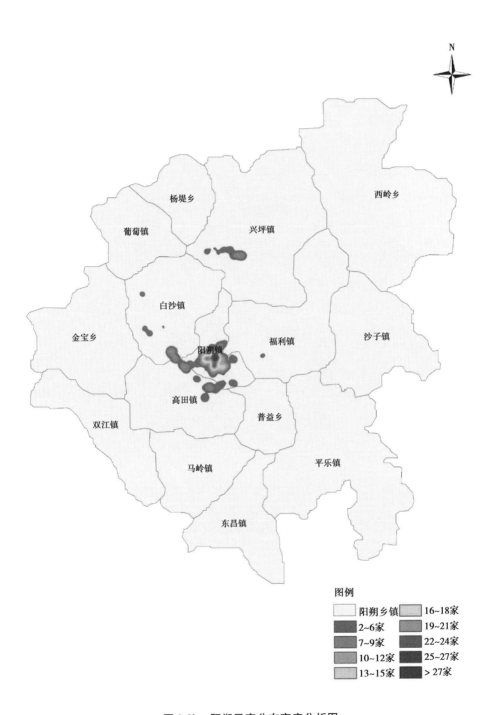

图 2-2b　阳朔民宿分布密度分析图

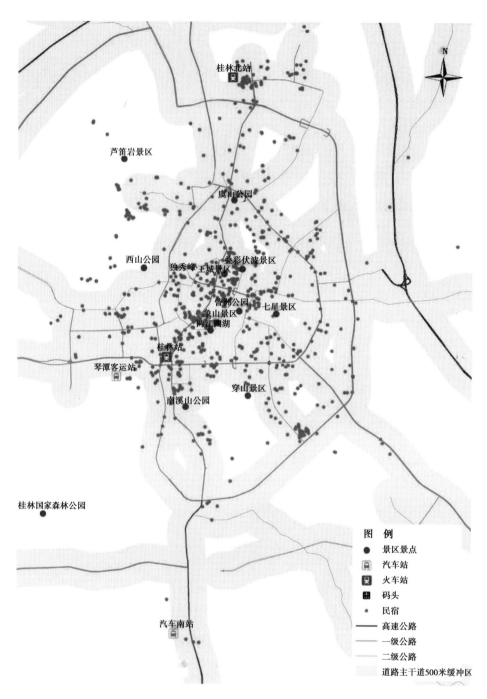

图 2-3a　桂林市区交通干线沿线民宿集聚分布图

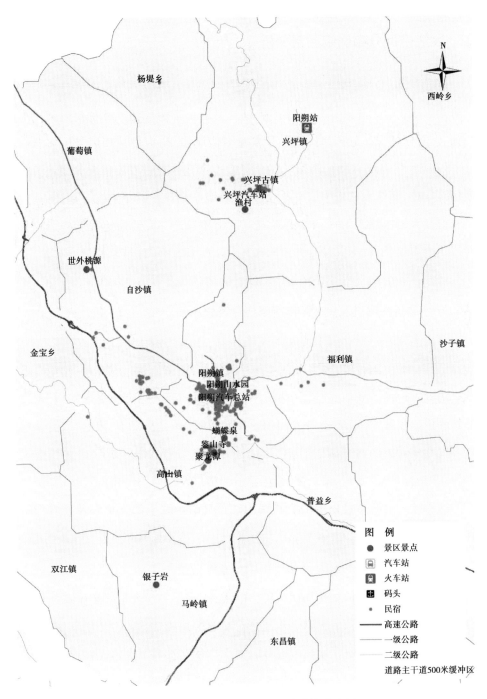

图 2-3b　阳朔交通干线沿线民宿集聚分布图

二、民宿空间分布影响因素分析

课题组通过对桂林民宿空间分布的现状分析,认为桂林民宿空间分布受多种因素影响,其中,旅游市场条件影响较为突出。旅游市场条件主要包括以下方面:①景区情况。景区是国内旅游的主要吸引点,研究中选择风景区客源市场、景区密度、传统居民社区数量三个指标表示地区景区发展情况。②旅游产业情况。中、高端民宿作为旅游产业、外部环境及政策中的主要构成部分,其发展可能受到地区旅游发展条件的影响。③交通条件。交通通达程度是影响旅游发展的重要条件,尤其是自驾游的兴起,极大地带动了区域旅游产业的发展,此处选择等级公路里程及等级公路密度反映地区的交通通达状况。

(一)高端民宿选址受旅游市场条件影响较小

环遇龙河和兴坪古镇典型品牌精品民宿,比如竹窗溪语、喜岳、云庐、原点心墅、后院、墨兰山舍等,都表现出逃离大众区域、追求原始生态环境、倾向自然舒适的选址取向。外加高端民宿拥有丰富的空间资源、强大的资本网络、先进的管理设计团队、全球化的文化基因以及业主雄厚的社会资本,因此,这类民宿并不完全依赖核心风景区、周边旅游资源和大众旅游市场。他们通过民宿主人、品牌文化、生活方式、吸引物营造、营销网络以及品牌符号重构尺度,将民宿空间嵌入珠三角城市群更大的空间结构。正是由于政策的支持以及高端民宿自身的优势,因此近年来,高端民宿倾向于在民宿发展基础弱的边缘村域选址。

(二)中端民宿对外部环境与政策因素依赖性较大

中端民宿是遇龙河周边居民区民宿的主体,也是目前大量低端民宿规划升级发展的主要目标。这类民宿中本地自营型和外来投资型的占比相当,其中很大部分为新兴中产阶级二次投资创业的商业型民宿性质。中端民宿在资本、空间、管理甚至政策方面均与其他两类民宿具有较大差异,呈现出现阶段中国普通旅游民宿所具有的共性。

首先,相对于高端民宿的租地新建模式,中端民宿以租房改造为主,且有限的改造资金主要投入在民宿建筑外观与内部设施方面,对大的工程技术创新和大尺度景观塑造的投入相对较少。

同时,旅游者的体验价值链是中端民宿产品开发的关键,区别于传统农家乐"床+食"的低端产品和高端民宿内部的体验活动,因此在选址时中端民宿需要考虑旅游资源和风景景观以解决旅游者体验活动产品的景观设施和场所空间问题。

高端民宿的活动可以包括民宿内的禅修文化、户外运动(攀岩、漂流、拓展训练等)、庄园酒窖、农场活动等,而中端民宿的活动往往是民宿外的遇龙河竹筏游、徒步、山地野营、季节性采摘、兴坪古镇的精品竹筏游等。

其次,由于能力的限制,中端民宿难以独立解决山区交通、灾害、卫生等问题。同时中端民宿多为商业型民宿,是典型的旅游小企业,注重投资回报,因此,外部依赖性较强,选址会充分考虑外部社区规模、环境适宜度以及企业经营环境,包括地价、交通通达性、专业设施、景观资源、产业网络等问题。

(三)低端民宿以游客集聚倒逼民居改建形成

低端民宿多为本地人自营,以改建自家空闲房屋为主,多以家庭副业方式经营,是典型旅游配套的社区民宿,因此对旅游区位具有较高要求。与高中端民宿相比,低端民宿的选址过程主要是农户选择利用自家房屋副业经营的过程,因此风景景观和区位因素并非主动商业利用,而是两类因素带来的游客集聚倒逼旅游配套民宿业的诞生。

三、重点旅游目的地民宿产业分析(阳朔)

阳朔民宿旅游起步于20世纪90年代,至今已发展了近30年,从原来西街仅有的十几家,发展到今天的800多家,基本遍布全县乡村各个角落,从原来的日接待量百余人,发展到今天的日接待量万余人,从原来的"少、小、简",只能满足游客基本住宿需求,发展到今天"新、奇、特",满足不同层次游客的需求,带动了阳朔旅游经济和社会经济的发展。目前,阳朔县共有宾馆、饭店1 500余家,其中民宿约890家,有床位2万多张,以农民为主的乡村旅游从业人员8万多人。目前,阳朔最具代表性的特色民宿有月墅、竹窗溪语、一境山房、墨兰山舍、格格树、秘密花园、喜岳云庐、霁云上院等近百家。民宿旅游已成为阳朔乡村旅游中极具魅力、潜力的重要组成部分。

(一)空间分布相对集中

阳朔是旅游名县,旅游资源丰富。现有的民宿主要集中在县城周边及景点(区)周边。其中西街、历村、凤楼、骥马、石板桥、鸡窝渡、兴坪镇形成了一定的规模,在十里画廊、县城周边及漓江、遇龙河两岸民宿相对集中。

(二)经营以家庭为单位较多

阳朔民宿的经营以家庭为单位,大部分宣传靠游客口碑传递、人际传播,吸引越来越多的游客来此居住。虽然传播效果好,但是影响面窄,不利于游客了解信息,扩大受众面。随着互联网的普及,游客现在通过一部智能手机,在网上就能把吃、住、游、行、娱预订好。

(三)民宿与田园风光相辉映

阳朔民宿普遍装修得古朴典雅,每一砖、每一瓦、每一个小装饰都倾注了民宿主的感情。房子依山傍水而建,与周围的田园风光相辉映,推开一扇窗就能看到远处的山和近处的水,站在阳台上就能观赏到美丽的田园风光,人仿佛置身于一幅山水画中,给人一种家的感觉及美的感受。选择入住民宿的游客在此能品味阳朔当地的地方风情与文化底蕴,这里不仅有悠久的历史、深厚的民族文化底蕴,还有一种能够满足游客体验典雅古朴的精神回归需求的住宿方式。民宿已成为游客旅游的一部分内容和游客缓解城市生活压力的方式之一,也成为游客很有新奇感的经历和代表区别于游客生活环境的风土人情,还成为一种表现地方民族文化的载体,大大加深了游客的文化体验感。

第三章　桂林民宿产业市场分析

作为桂林旅游市场的重要组成部分,民宿产业发展迅速,市场已经粗具规模,并受到民宿客源群体的认可。但桂林民宿产业的市场潜力和市场空间仍然很大,有待于进一步挖掘细分。

一、桂林民宿经营状况分析

近十年来,桂林民宿发展迅速,总计有 2 129 家。其中,自有民宿占总数的60%以上,户均客房8.6间,平均单房投资为15.75万元。自营民宿以自有住宅、家庭经营、自产自销为特点,近年来,随着市场需求的变化、农民自有资金的积累、经营理念的提升,桂林民宿提升了客房装修档次和舒适度。桂林市各区域平均单房投资情况如图3-1所示。

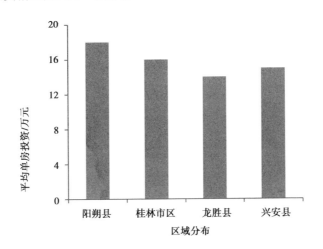

图 3-1　桂林市各区域平均单房投资情况

2019 年桂林市民宿平均房价为 237.5 元/(间·天),平均出租率为 53.3%。从价格结构看[人民币元/(间·天)],100 元以下的民宿占 42.93%,101～300 元的民宿占 43.55%,301～500 元的民宿占 9.69%,501 元以上的民宿占 3.95% (图 3-2、图 3-3)。

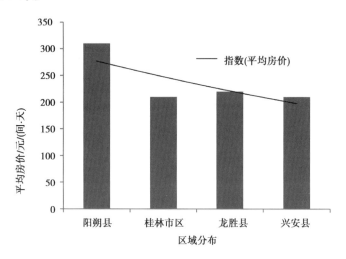

图 3-2 桂林市各区域民宿平均房价

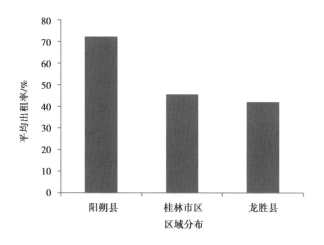

图 3-3 桂林市各区域民宿平均出租率

在桂林,高端民宿普遍以别墅形式出现,如在遇龙河的高端民宿、客栈。此外,单房价格在千元以上的精品民宿有墨兰山舍、山水谣、霁云上院、喜岳云庐、四季云栖、云间阡陌、月墅、竹窗溪语、易亩田、万象青谷等 10 多家,不少房间日常单价达到 1 000~2 500 元。这些高端精品民宿的淡季平均出租率在携程订单上显示为 40%,旺季平均出租率为 80%(图 3-4、图 3-5)。

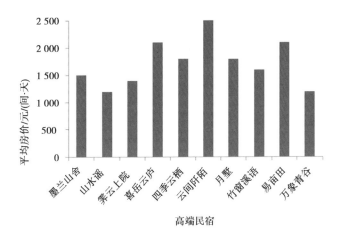

图 3-4 桂林市高端民宿平均房价

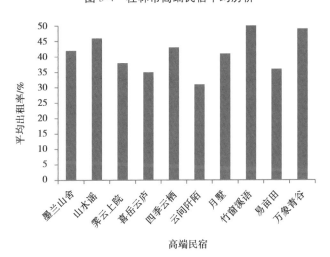

图 3-5 桂林市高端民宿平均出租率

二、消费市场分析

（一）问卷设计与样本信息

问卷调查以桂林市区民宿及阳朔县乡村民宿的顾客及潜在顾客为对象,以消费者特点为主要调查内容,调查问卷包括基本信息、消费者满意因素、消费决策、消费个性4个主要项目。根据消费要素模型,将民宿消费者满意因素部分的调查内容分为硬件设施、特色装修、管家式服务、餐饮、活动、特色周边产品、情怀7个调查因子;根据消费决策模型,将民宿消费决策部分的调查内容分为价格、地理位置、硬件设施、评价、民宿主题5个调查因子;根据消费者行为分析模型,将消费个性部分的调查内容分为旅游产品选择、旅游行程策划、花费3个子项目共11个调查因子。这三部分内容均采用李克特量级法,建立五级评价标准,将顾客的感知分为"很满意/很赞同""满意/赞同""中立/无所谓""不满意/不赞同""很不满意/很不赞同",分别赋予分值"5分""4分""3分""2分""1分",分值越高,顾客越满意或越赞同问卷题目的说法。

问卷通过实地考察方式发放,对民宿顾客即时发放并回收问卷,共发放并回收285份问卷,进行信度分析后,得到有效问卷236份。根据有效问卷回收结果,对调查问卷中的项目和调查因子得分进行了描述性统计分析及均值比较分析。

境外部分客源数据来自Airbnb爱彼迎平台2019年的数据。

（二）统计数据分析

1.主要客源地

根据携程网2019年9月取样统计数据(图3-6),综合问卷调查结果,桂林民宿十大客源地分别为:桂林本地、南宁、深圳、广州、北京、上海、柳州、成都、佛山、长沙。上述客源地广东占了3个,广西占了2个,说明桂林民宿的主要客源来自珠三角地区。此外,考虑到9月已经进入淡季,本地客源增加较为明显。

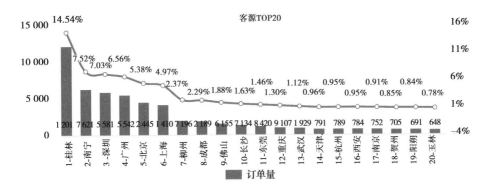

图 3-6　2019 年 11 月 1—17 日桂林民宿主要客源地分布（携程网）

Airbnb 爱彼迎平台 2019 年的数据显示,桂林民宿入境游客主要来自美国、英国、法国、加拿大和中国香港地区,占桂林民宿接待游客总数的 12%。其中,阳朔民宿接待入境游客主要来自美国、英国、马来西亚,以及中国香港、中国澳门地区,占阳朔民宿接待游客总数的 10%。

2.消费者满意度

通过问卷调研,对桂林民宿消费群体基本情况和影响满意度的因素进行分析。从年龄结构看,民宿消费者以青年为主,年龄小于 20 岁的占 27.54%,21～30 岁的占 60.59%,31～40 岁的占 6.36%,40 岁以上的占 5.51%。从学历结构看,中学学历的占 15.68%,本科学历的占 82.63%,研究生及以上学历的占 1.69%。从调查数据看(表 3-1),桂林民宿的顾客对民宿入住是否满意,主要取决于住宿的硬件设施是否齐全(均值 4.18),以及民宿主人是否富有情怀(均值 4.04),其次则是服务是否到位(均值 3.98)、装修是否有特色(均值 3.94)、餐饮(均值 3.84)、特色周边产品(均值 3.68)、民宿组织的丰富活动(均值 3.59)。值得注意的是均值和标准差的镜向排列:均值最高的 3 项调查因子,得到了最低的标准差,分别为硬件设施(0.915)、民宿主人的情怀(0.948)、贴心的服务(0.995);均值最低的 2 项调查因子,得到了最高的标准差,分别为民宿组织的活动(1.099)和特色周边产品(1.143)。

调查数据分析结果表明,目前桂林民宿消费群体对硬件设施、服务和主人的情怀需求较高,而对民宿基于在地文化特征打造的文化类产品及服务,以及民宿提供的在地文化体验及特色周边产品需求较低。这个数据也许与受调查者中青年人居多有较大关联。

表 3-1　桂林民宿顾客满意度因素单个样本统计量

	N	均值	标准差	均值的标准误
有特色的装修	231	3.94	1.026	0.068
硬件设施完备	231	4.18	0.915	0.060
贴心的管家服务	232	3.98	0.995	0.065
有情怀的民宿主人	232	4.04	0.948	0.062
餐饮	227	3.84	1.052	0.070
丰富的活动	229	3.59	1.099	0.073
特色周边产品	229	3.68	1.143	0.076

3.网上评价

携程网提供的数据显示,2019 年有 2 219 家民宿网评平均达到 4.79 分。好评主要集中在"周边资源与环境""主人服务"两方面,"差评"主要集中在客房设施设备方面,占 50% 以上(表 3-2)。

表 3-2　网上评价统计表

评分 G(分)	$G<3$	$3 \leqslant G<3.5$	$3.5 \leqslant G<4$	$4 \leqslant G<4.5$	$4.5 \leqslant G<5$	$G=5$
阳朔	0	0	0	6	104	90
桂林市区	0	0	0	4	91	145
龙胜	0	0	0	2	21	35
总计	0	0	0	12	216	270
百分比	0.00%	0.00%	0.00%	2.40%	43.20%	54.00%

4.消费水平

桂林民宿消费水平基本集中在 200～300 元/间·天的价位,占 40% 以上。100 元以下价位的民宿占 42.93%,101～300 元的民宿占 43.55%,301～500 元价位的民宿占 9.69%,501 元及以上价位的民宿占 3.95%。

第四章　桂林民宿消费者体验感知分析

随着旅游业与互联网不断融合,通过网络进行旅游相关研究成为一种全新的形式。在线网络点评内容是消费者入住民宿体验最真实、最个性化的体现,最能直接反映消费者对民宿及其产品的体验感知,因此,本书借助 ROST CM6 软件,运用网络文本分析法,选取携程网和去哪儿网上的桂林民宿的消费者评论为样本,研究桂林民宿消费者体验感知情况,为桂林民宿发展提供借鉴。

一、研究设计及过程

使用爬虫软件抓取携程网和去哪儿网上关于阳朔民宿的相关评论,在选取样本网站时主要考虑以下两个方面:第一,通过浏览携程网、去哪儿网、同程网、艺龙网等旅游网站,对比网站页面设置、网站性质以及网友的评论,发现携程网和去哪儿网将民宿单独分类,可直接输入旅游地搜索民宿信息,能够更直接、快捷地进行样本选取;第二,携程网、去哪儿网网民关注度高,且信息量大、代表性强,这样选取的样本可信度更高。选取 50 家民宿为研究样本,选取标准是网上评论数量多(超过 50 条)且评论发布时间跨度小的阳朔民宿,有些民宿开业时间短,评论较少,爬取相关评论比较困难。数据选取时间从 2019 年 1 月 1 日到 2020 年 12 月 31 日,通过筛选共获取 30 家民宿的 3 862 条评论,剔除重复数据、系统默认好评等,共计获得评论 3 128 条。运用 ROST CM6 软件对评论进行分词,并使用停用词表剔除无意义词,精准提取高频词,对分词结果进行词频分析、语义网络分析。

二、统计数据分析

（一）高频词分析

将整理后的网络评论样本导入 ROST CM6 软件中,对分词后的文本进行词频分析,手动选取频率排名前 100 位的高频词(表 4-1)。

表 4-1　桂林民宿消费者体验感知高频词汇表

词汇	词频	词汇	词频	词汇	词频	词汇	词频	词汇	词频
房间	1 488	西街	265	布置	123	帮忙	72	周边	48
干净	1 233	位置	259	景区	121	失望	71	设计	42
热情	1 045	晚上	249	整体	119	床单	69	价格	41
房东	757	齐全	247	地方	118	前台	68	味道	41
距离	727	吃饭	242	路线	104	难找	67	精致	39
满意	712	车站	238	洗漱	102	步行	67	地图	38
服务	664	喜欢	227	值得	101	门口	66	开心	38
阳朔	563	附近	214	性价比	96	遇龙河	65	安静	36
整洁	516	交通	195	建议	95	漓江	63	好客	32
卫生	459	感谢	179	潮湿	90	行李	59	免费	31
方便	412	入住	176	超级	89	漂亮	58	用品	29
卫生间	411	景点	175	被子	87	下次	57	竹筏	28
迎接	374	院子	169	耐心	87	接送	56	出门	27
设施	366	主动	167	态度	85	特色	55	靠近	26
环境	358	实惠	158	安排	84	早餐	53	陈旧	25
推荐	337	朋友	146	空调	82	温馨	52	配套	23
周到	326	选择	144	亲切	80	热心	52	门票	23
舒服	307	装修	135	问题	79	隔音	51	宽敞	23
停车	278	贴心	129	楼下	76	安全	50	风景	22
体验	271	风格	127	热水	73	水果	49	阳台	20

为了更直观地表达消费者对桂林民宿的整体印象,将表 4-1 中的高频词生成标签云图(图 4-1),图中字体越大表示词频越高。从云图可以看出消费者对桂林民宿的"房间""房东""距离"等感知较深,对桂林民宿的整体印象为"热情""干净""整洁""方便"。

图 4-1　高频词标签云图

（二）语义网络分析

语义网络分析可以用于直观表达复杂词条之间的相互关系,使用 Netdraw 可视化工具把过滤后的消费者高频词生成语义网络图(图 4-2),通过语义网络图可以大致获取民宿消费者评论各高频词之间的相互关系。从图 4-2 中可以看出桂林民宿消费者网络评论呈现整体分散、局部集中的网络结构,以"设施""环境""房间""服务"等词为中心,向四周发散,周边散布着"齐全""卫生""方便""热情"等词。这表明消费者对于桂林民宿的整体体验感知还是很不错的。

（三）体验感知主题类目构建

为了更好地描述消费者对桂林民宿各体验要素的感知情况,结合高频词进行主题类目的构建,绘制了消费者体验感知高频词主题类目构建表,并将词频转换为权重,以便更具体地了解各体验要素作用的大小,具体结果如表 4-2 所示。由表 4-2 可知,影响桂林民宿消费者体验感知的要素作用大小依次为"地

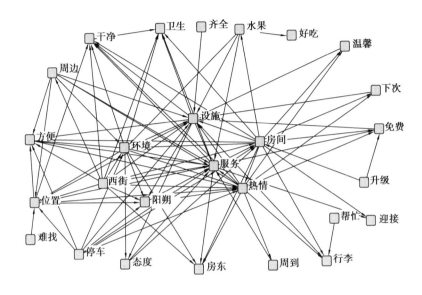

图 4-2 桂林民宿语义网络图

理环境”“硬件设施”“服务质量”及“总体评价”四个方面。

1.地理环境体验感知

根据地理环境体验感知评价体系中高频词性质的分类,可大致分为地理位置、周边环境和可进入性三大方面,从高频词的权重来看,消费者对这三方面的关注分布较为均匀。从地理位置来看,“距离”“方便”“阳朔”“西街”“停车”的频次较高,可以看出消费者比较关心民宿所处位置的可进入性以及与各景点之间的交通是否便利,特别是对自驾游消费者来说能否停车是非常关键的因素。整体来说,大部分消费者认为阳朔民宿的地理位置很不错,交通方便,但是也有一些评论提到民宿位置难找。从周边环境来看,“晚上”“吃饭”“附近”的词频比较高,大部分消费者的评论都体现出民宿的周边环境安静,但是吃饭、购物的地方也很多且不远。

2.硬件设施体验感知

在消费者所有体验感知评论中,硬件设施所占权重是最高的,说明消费者对硬件设施的配备十分看重。其中与客房相关的高频词有 18 个,硬件设施类高频词有"房间""卫生间""洗漱用品"等,描述类高频词有"干净""整洁""齐全""卫生"。这说明消费者对桂林民宿的硬件设施整体体验感知较为正面,但是也存在一些问题,比如有些消费者在评论中写道"热水供应不足""房间隔音效果不好""床单被单很潮湿""设施设备陈旧"等,反映了桂林民宿的硬件设施还有待进一步完善。除了硬件设施的配备情况,消费者也比较看重民宿整体的设计风格,相关的高频词有"装修""风格""布置""漂亮""精致"等,说明消费者对桂林民宿的装修风格的整体印象是漂亮、精致。

3.服务质量体验感知

从服务质量体验感知网络评论高频词分析可以看出,桂林民宿除基础服务外,还提供了多种个性化服务,相关的高频词有"路线""建议""安排""接送""早餐"等,这些特别服务对消费者来说是意外的惊喜,极大程度丰富了消费者的体验感受,比如消费者评论中就有这样的描述:"一进房间就看到房东送的免费水果,超级开心!""房东不仅告诉他们到景区的线路,还微信发给他们电子地图,省了他们不少事。"关于"服务态度"方面,"热情""周到""主动""贴心""耐心"位列前五,可以看出都是正面评价的词,体现了桂林民宿的房东和员工对消费者的关怀度。

4.总体评价体验感知

"满意""舒服""喜欢"是消费者对桂林民宿总体评价排名前三的高频词,体现了消费者对桂林民宿的总体满意度还是比较高的。也有不少消费者在评论中表示了自己想再次入住该民宿或会向其他人推荐该民宿的意愿。但是也存在着"问题""失望"这类负面评论的高频词,反映了民宿还有许多做得不周到的地方,导致消费者对民宿不满,评价不高。

表 4-2　桂林民宿消费者体验感知高频词主题类目构建表

高频词	初始范畴 （词频/百分比）	主范畴 （词频/百分比）
阳朔（563）、西街（265）、位置（259）、景点（175）、景区（121）、地方（118）、遇龙河（65）、漓江（63）、竹筏（28）、风景（22）	地理位置 （1 679/8.76%）	地理环境 （5 005/26.11%）
环境（358）、晚上（249）、吃饭（242）、附近（214）、楼下（76）、门口（66）、周边（48）、安静（36）、出门（27）、靠近（26）	周边环境 （1 342/7.00%）	
距离（727）、方便（412）、停车（278）、车站（238）、交通（195）、难找（67）、步行（67）	可进入性 （1 987/10.37%）	
房间（1 488）、卫生间（411）、设施（366）、齐全（247）、院子（169）、洗漱用品（102）、被子（87）、空调（82）、热水（73）、床单（69）、隔音（51）、用品（29）、陈旧（25）、配套（23）、阳台（20）	基础设施 （3 242/16.91%）	硬件设施 （6 089/31.76%）
干净（1 233）、整洁（516）、卫生（459）、潮湿（90）	卫生情况 （2 298/11.99%）	
装修（135）、风格（129）、布置（123）、漂亮（58）、设计（42）、精致（39）、宽敞（23）	设计风格 （441/2.30%）	
服务（664）、迎接（374）、入住（176）、前台（68）、行李（59）	基础服务 （1 341/7.00%）	服务质量 （4 802/25.05%）
热情（1 045）、房东（757）、周到（326）、主动（167）、贴心（129）、耐心（87）、态度（85）、亲切（80）、帮忙（72）、热心（52）、好客（32）	服务态度 （2 832/14.77%）	
路线（104）、建议（95）、安排（84）、接送（56）、特色（55）、早餐（53）、水果（49）、味道（41）、地图（38）、免费（31）、门票（23）	个性化服务 （629/3.28%）	

续表

高频词	初始范畴 （词频/百分比）	主范畴 （词频/百分比）
满意(712)、舒服(307)、体验(271)、喜欢(227)、感谢(179)、实惠(158)、整体(119)、值得(101)、性价比(96)、超级(89)、问题(79)、失望(71)、温馨(52)、安全(50)、价格(41)、开心(38)	满意度 （2 590/13.51%）	总体评价 （3 274/17.08%）
选择(144)、下次(57)	在宿意愿 （201/1.05%）	
推荐(337)、朋友(146)	推荐意愿 （483/2.52%）	

（四）情感感知分析

使用 ROST CM6 软件中的情感感知分析工具，对抓取的在线评论进行情感感知分析。其中情感值在 0~0.19 区间表示非常不满意；在 0.2~0.39 区间表示不满意；在 0.4~0.59 区间表示一般；在 0.6~0.79 区间表示满意；在 0.8~1 区间表示非常满意。从表 4-3、表 4-4 中可以看出绝大多数的评论情感值都在 0.6 以上，有些甚至能达到 1，说明顾客对桂林民宿整体情感感知以积极情绪为主，达 85.65%，高于消极情绪（10.71%）。其中非常满意的评论占 29.86%，也表明桂林民宿还有许多改进的地方。此外，还有 3.64% 中性情绪的评论。

表 4-3　桂林民宿主要评论情感感知分析表

评论	情感值	满意度
门口有停车场，挺方便	0.583 2	一般
水一点都不热，都感冒了	0.000 3	非常不满意
在网上对比了好久选择这家，果然没让我失望	0.999 9	非常满意
真的超喜欢，房东人也超级好	0.999 8	非常满意
还有免费的早餐，挺不错的	0.822 3	很满意

续表

评论	情感值	满意度
房间有点简单,感觉太空了	0.127 8	非常不满意
环境挺不错的,布置得也好看	0.988 9	非常满意
有个小院子,可以喝下午茶,不错,不错	0.977 5	非常满意
隔音也太差了,根本没法休息	0.000 9	非常不满意
空间太小了,而且卫生间漏水严重	0.152 8	非常不满意
很干净,服务也很好,下次还来	0.995 5	非常满意
还不错吧,和网上还是有差距	0.723 5	满意
房东超级 nice,帮了我们好多忙	1.000 0	很满意
房间里居然有蟑螂,感觉床单也有点脏脏的	0.000 3	非常不满意
服务态度好,住得舒服,性价比高	0.999 7	非常满意
装修风格我太爱了,房间的一些小设计特别人性化	1.000 0	非常满意
环境挺好,住起来很舒服	1.000 0	非常满意
隔音效果有点差,其他还好	0.774 3	满意
亲子房挺温馨的,还有小阳台	0.987 6	非常满意
和平常住的差不多,马马虎虎吧	0.568 1	一般
……	……	……

表 4-4　桂林民宿评论情感倾向统计

项目	消极情绪		中性情绪	积极情绪		总计
	非常不满意	不满意	一般	满意	非常满意	
评论数量/条	258	77	114	1 682	934	3 128
占比	8.26%	2.46%	3.64%	55.79%	29.86%	100%

虽然,评论中积极情绪比率较高,但仍然不能忽视 3.64% 的中性情绪和 10.71% 的消极情绪,这部分评论对今后桂林民宿服务质量改进具有重要意义。因此,我们对消极情绪评论进行进一步分析,发掘顾客产生消极情绪的原因,并将其按照地理环境、硬件设施、服务质量以及总体评价进行分类,主要分析结果如表 4-5 所示。

表 4-5 桂林民宿顾客网络消极情绪评论分类统计结果

问题分类	占比/%	问题描述	评论条数	评论占比/%
地理环境	11.03	位置难找	18	6.84
		交通不便	11	4.18
硬件设施	57.03	卫生情况差	32	12.17
		被褥潮湿	15	5.70
		无独立卫生间	7	2.66
		房间隔音效果差	26	9.89
		设施设备陈旧	13	4.94
		设施设备不干净	24	9.13
		空调不好用	6	2.28
		洗漱用品不够	11	4.18
		热水供应不足	16	6.08
服务质量	17.87	服务态度	37	14.07
		无餐饮服务	10	3.80
总体评价	14.07	价格问题	20	7.60
		无特色	17	6.46%

1.地理环境

地理环境类消极评论占 11.03%,主要是位置难找和交通不便两个问题。位置难找既有民宿位置偏僻或招牌不醒目的原因,也有导航定位不准确导致顾客找不到民宿位置的因素;交通不便问题主要表现为停车位置较远和公共交通不发达。

2.硬件设施

硬件设施类消极评论占 57.03%,是四类问题中占比最高的。其中卫生情况和设施设备状况诟病比较多,包括了"卫生情况差""设施设备陈旧""设施设备不干净""洗漱用品不够"等现象。还有部分评论反映房间隔音效果不好,特别是民宿内部举办活动,动静太大影响了其他顾客休息。

3.服务质量

服务质量类消极评论占 17.87%,绝大部分的差评都是服务态度问题,评论的主观性比较强,当房东或员工的服务让顾客感到不适时都会被认为是态度差。还有一小部分的差评是顾客对民宿提供的服务项目不满意,尤其是餐饮服务,不能满足顾客的基本需求。

4.总体评价

总体评价类消极评论占 14.07%,主要表现为价格问题和民宿无特色方面。价格方面,顾客反映民宿价格太高,且价格波动大,尤其是节假日。民宿特色方面,部分顾客认为民宿产品同质化太严重,缺乏特色,不能给顾客带来独特新奇的体验。

第五章　疫情后桂林民宿消费市场分析

　　为了帮助桂林民宿更好地应对疫情带来的冲击,本文对疫情后桂林民宿消费市场进行了调研。调研以"疫情后桂林民宿消费者消费行为和满意度情况"为主要研究内容,力图在数据汇总的基础上呈现疫情后桂林民宿消费者的消费特征,并对疫情前后的民宿消费特征进行对比分析,为疫情后桂林民宿产业发展提供思路。

一、疫情后桂林民宿消费者消费行为分析

(一)问卷设计和调研过程

　　问卷设计主要分为三个部分,第一部分为统计民宿消费者的个人基本信息,主要涉及性别、年龄、职业、旅游支出等内容,这部分主要采用单选题的方式。第二部分是民宿消费者的消费特征调查,主要包括入住地点、入住民宿价位、入住原因等内容,这部分内容采用单选题和多选题相结合的方式。第三部分是民宿消费者满意度调查,满意度调查主要采用李克特7级量表,对民宿评价体系的9个指标和整体满意度进行测量。每个测量题项用"1—7"数值来表示,"1—7"分别表示"完全不同意""不同意""比较不同意""一般""比较同意""同意""完全同意"。

　　本研究主要采用调研问卷的形式,问卷发放对象是在疫情后有桂林民宿入住经历的人群。问卷发放采用线上和线下相结合的方式。此次调研问卷发放

从 2021 年 4 月 23 日开始到 2021 年 5 月 19 日止,历时近一个月。线上主要是通过问卷星的方式进行,线下选择桂林市区、阳朔等地作为调研地,采用纸质问卷的形式,总计回收问卷 365 份,剔除不符合要求的问卷 33 份,最后获得的有效问卷为 332 份,问卷有效率达 90.96%。

（二）样本基本情况统计分析

1.样本人口特征描述性统计分析

本研究首先对正式调研选取的样本人口特征进行描述性统计分析。样本人口特征包括性别、年龄、家庭结构、学历、职业及旅游支出。本次调查样本人口特征描述性统计分析结果如表 5-1 所示。

表 5-1　样本人口特征描述性统计分析

人口统计变量		人数	占比/%	人口统计变量	人数	占比/%
性别	女	221	66.57	学生	65	19.58
	男	111	33.43	行政单位职员	21	6.33
年龄	20 岁以下	21	6.33	企事业单位职员	72	21.69
	20~29 岁	128	38.55	专业技术人员 （教师、律师、工程师等）	57	17.17
	30~39 岁	85	25.60	政府或企业管理人员	22	6.63
	40~49 岁	73	21.99	个体	18	5.42
	50 岁及以上	25	7.53	自由职业者	35	10.54
家庭结构	未婚	141	42.47	退休人员	5	1.51
	已婚无小孩	21	6.33	其他	37	11.14
	已婚有小孩	170	51.20	1 000 元及以下	50	15.06
学历	小学及以下	4	1.20	1 000~3 000 元	95	28.61
	初中	7	2.11	3 000~5 000 元	98	29.52
	高中/中专	32	9.64	5 000~8 000 元	37	11.14
	大专/本科	248	74.70	8 000~10 000 元	18	5.42
	硕士及以上	41	12.35	10 000~20 000 元	18	5.42
				20 000 元以上	16	4.82

注：职业对应"职业"类别，旅游支出对应"旅游支出"类别。

从样本中的性别比例可见,在 332 位调查者中,男性有 111 位,占总人数的 33.43%,女性有 221 位,占总人数的 60.57%,女性要多于男性,这在一定程度上说明出游时,女性比男性更愿意选择民宿作为住宿方式。

从样本的年龄结构可见,民宿消费者年龄在 20~29 岁的最多,占 38.55%,这表明当前民宿的主力军还是"90 后"。这一群体的主要构成是参加工作时间不长的年轻人和正在读书的学生。他们的好奇心比较强烈,喜欢追求具有挑战性的新鲜事物,比其他年龄段的消费者更愿意选择民宿这种非标准化住宿方式。其次,25.60% 的消费者年龄在 30~39 岁。这个年龄段的消费者通常已工作多年,有较强的消费能力,他们大多数是已婚者,孩子还较小。为了拥有更多的亲子时间,他们偏好体验丰富的民宿。40 岁以上的消费者有 98 位,占 29.52%。这部分消费者有着一定的经济基础和足够的闲暇时间,入住民宿更多的是为了了解不同的文化和体验不同的生活方式。

从样本的家庭结构可见,未婚的消费者占 42.47%,已婚无小孩的消费者占 6.33%,已婚有小孩的消费者占 51.20%,可以看出民宿比较受已婚有孩群体和未婚群体的青睐。

从样本的学历水平可见,87.05% 的民宿消费者接受了大学及以上的教育。这表明前来民宿体验的消费者的文化水平较高,也具有一定的审美标准和文化鉴赏能力,这与民宿所蕴含的文化底蕴是相契合的。因此,民宿除了要满足消费者的基本住宿、餐饮需求,更主要的吸引力是其背后的特色文化,理解、欣赏这些文化也需要消费者具有一定的文化知识储备和人文理解水平。

从样本的职业分布可见,企事业单位职员、学生以及专业技术人员(教师、律师、工程师等)比重较高,分别占比为 21.69%、19.58%、17.17%。与上述年龄、学历结构的样本调查结果基本吻合。这部分人群一般拥有固定的假期和双休日,时间较充裕,是旅游的主体。

从样本的旅游支出数据分析结果来看,民宿消费者的旅游支出主要集中在 1 000~5 000 元,达 58.13%。交叉分析可以发现,以学生为主的青年群体的旅游支出主要集中在 1 000~3 000 元,30~40 岁的中青年精英群体的旅游支出能达到 5 000 元以上,他们拥有更多的社会经验和更高的消费水平,对民宿服务质量和文化体验有着更高的要求。

2.样本人口地区分布统计分析

对样本人口地区分布情况进行统计分析,其结果如图 5-1 所示。疫情后桂林民宿客源主要来自桂林市,占比达 34.34%,有 21.69% 的消费者来自广西其他城市,来自整个广西壮族自治区的消费者占 56.03%,相比疫情前有所提升。可以看出疫情后,旅游业开始复苏,但是疫情的后续作用还是对消费者的出游行为产生了一定的影响,较之前相比,人们更倾向于小范围移动,例如在本市或本省展开旅游活动。

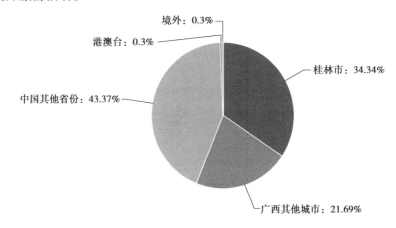

图 5-1　样本人口地区分布图

（三）疫情后桂林民宿消费者消费特征分析

借助 SPSS 23.0 分析软件对疫情后桂林民宿消费者消费特征进行统计分析,主要分析结果如下:

1.入住民宿所在地

分析结果显示,消费者入住桂林民宿主要集中在阳朔、龙胜、桂林市区以及桂林其他县城等地,其中入住阳朔的消费者最多,达 56.33%,其次是桂林市区,占 23.49%,桂林其他县城和龙胜分别为 13.55%、6.63%（图 5-2）。消费者选择民宿所在地主要与桂林的景区分布情况相匹配。

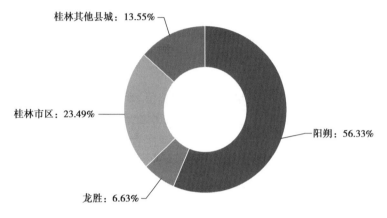

图 5-2　入住民宿所在地统计图

2.入住民宿价位

分析结果显示,消费者在桂林民宿价位选择方面,价格在"100~300 元"占比最高(62.95%),"300~500 元"次之(18.67%),"100 元以内"(10.84%)第三,"500 元以上"(7.54%)总占比不足 10%(图 5-3)。从数据结果可以看出,目前在桂林,消费者还是以入住中端民宿为主,高端民宿入住率较低。这与全国民宿入住情况较一致。

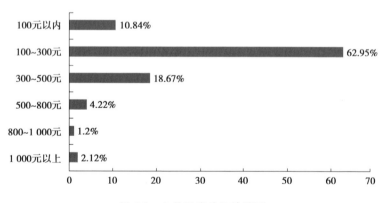

图 5-3　入住民宿价位统计图

3.入住民宿的目的

分析结果显示,消费者入住桂林民宿最主要目的是"旅游度假",占比高达

77.42%,"工作需要"占比8.72%,值得注意的是有10.85%的消费者的入住目的是"文化体验",排名第二。这也是民宿区别于酒店的地方,消费者入住民宿不仅为了获得住宿、餐饮等基本服务,还希望能体验到不同的人文风情。

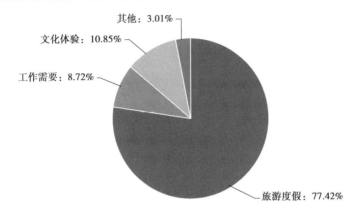

图5-4　民宿入住目的统计图

4.民宿入住方式

从数据分析结果可以看出,在入住方式上,大多数消费者都选择和他人一同入住,其中选择和"同学好友""爱人子女"入住的占比较高,分别为52.71%、41.57%,也有21.08%的消费者会选择单独入住民宿(图5-5)。

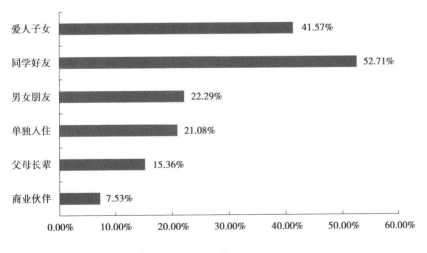

图5-5　民宿入住方式统计图

5.民宿信息获取途径

根据数据分析结果,消费者的民宿信息获取途径十分多样,以线上获取信息为主,其中"旅游网站/民宿网站"(60.54%)占比最高,"微博、微信公众号、抖音短视频等App"(43.98%)次之(图5-6)。近年来,微博、微信公众号、抖音等新媒体的影响力逐年扩大,民宿经营者要充分利用互联网等新媒体大量传递民宿品牌形象和民宿产品信息。除了利用互联网,线下信息获取也占据了一定比率,如"亲友推荐"(32.23%)占比也较高,排名第三。这说明消费者对民宿的满意度较高、重住意愿较强,愿意推荐其他亲朋好友到该民宿入住。消费者的口碑效应非常重要,因此,桂林民宿在宣传营销中,必须持续高度重视塑造良好的民宿品牌形象,提供多样化、个性化、高端化的民宿产品和服务,以提高消费者的口碑效应。

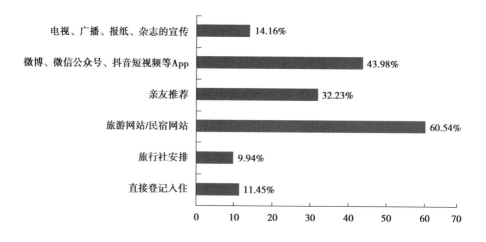

图 5-6　民宿信息获取途径统计图

通过对年龄和民宿信息获取途径的交叉对比分析可以发现,中青年人以线上获取信息为主,而老年人由于对网络以及各种软件App的认识不够,更多的是通过线下途径获取民宿信息。因此,民宿在宣传过程中应该针对不同年龄层次的消费群体,采用相应的宣传手段。

6.民宿预订渠道

根据数据分析结果,消费者在民宿预订渠道选择方面,最喜欢在"携程网"上进行预订,占54.82%,其次是"民宿个人公众号、网站以及 App"(45.78%),"大众/美团"(44.28%)居第三位,而在国外比较火的"Airbnb 爱彼迎"(14.46%)占比较低,位列倒数第三位(图5-7)。消费者在预订渠道的选择上更青睐国内知名度较高的线上旅游网站以及民宿个人公众号、网站以及 App。知名度高的旅游网站给予消费者更多信任感和安全感,而民宿个人公众号、网站以及 App 能为消费者提供更丰富和详细的信息。

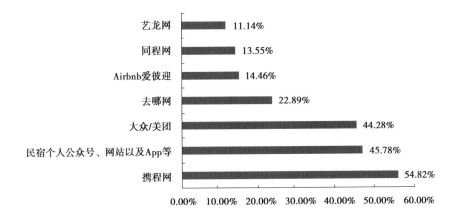

图 5-7　民宿预订渠道统计图

7.民宿类型偏好

根据数据分析结果,消费者在民宿类型的选择上,69.28%的消费者都选择了"当地风格",这与前文消费者希望入住民宿能够体验到当地文化的调研结果相一致。其次有56.33%的消费者选择了"特色主题风格",而选择"异国风格"的消费者只有13.55%,说明入住桂林民宿的消费者更多的还是希望感受当地不同的民俗文化(图5-8)。

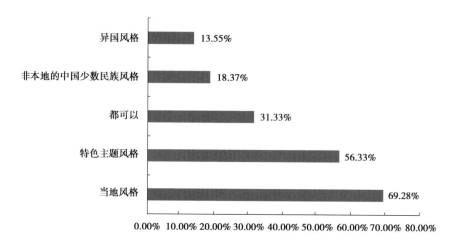

图 5-8　民宿类型偏好统计图

8.民宿入住原因

调研结果显示,消费者入住民宿的原因中,"体验当体民俗风情"(60.84%)占比最高,"性价比高"(56.33%)次之,"离旅游景区近"(45.78%)排第三,而"认识朋友"(12.05%)占比最低(图 5-9)。目前,消费者入住民宿时更多还是考虑民宿的基础属性和文化属性,只有较少的消费者会关注社交属性。

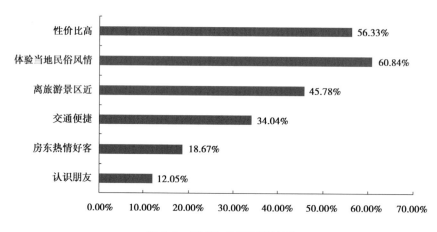

图 5-9　民宿入住原因统计图

通过对消费者年龄和民宿入住原因的交叉分析发现,不同年龄层次的消费者入住原因有所不同(图 5-10)。20 岁以下的消费者选择入住民宿最主要的原因是"离旅游景区近"（66.67%），30～39岁年龄段消费者选择入住民宿的原因是"离旅游景区近"的只占37.65%，年龄再往上所占比例又有所增加。其原因是年龄小的消费者无法自驾，大部分是依靠公共交通工具或者步行到达旅游景区，而年龄大的消费者不便长时间、长距离移动，所以这两类消费者在入住的选择上更考虑住房的地理位置是否方便。30～39岁年龄段的消费者选择入住民宿最主要的原因是"体验当地民宿风情"，这一原因在年龄大的消费者占比都较高，而在20岁以下年龄段的消费者这一原因只有38.10%。与年龄小的消费者相比，年龄大的消费者拥有更先进的消费观念、更强的消费能力，也更加注重体验感受。"性价比高"这一原因在所有年龄层占比都较高，基本位于第一、第二位，说明民宿消费者的价格敏感度还是很高的。

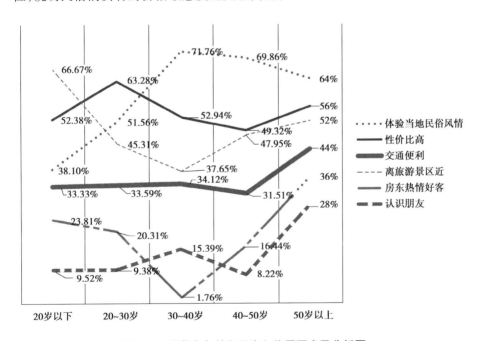

图5-10 消费者年龄和民宿入住原因交叉分析图

9.民宿期望项目

调研发现，消费者期望民宿能提供更多个性化服务项目（图5-11），其中59.04%的消费者希望能增加"特色餐饮"，另外，"旅游景点、路线推荐""景点接送服务""汽车、自行车租借"这三项都将达 50%。"娱乐活动"在所有年龄段只有 26.51%,但是从表 5-1 可知,在 30 岁以下年龄段占比高达 44.88%。这说明不同年龄段的消费者在服务项目的需求上有一致性,也有不同之处。民宿还是要根据自己的顾客群体年龄层次和自身实力尽可能地提供更多的个性化服务项目。

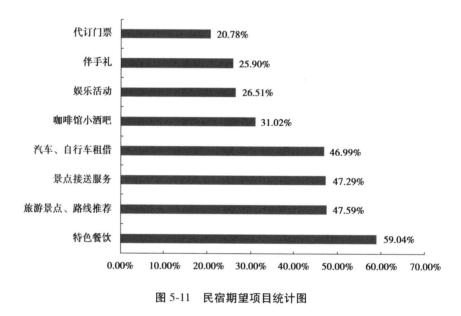

图 5-11　民宿期望项目统计图

二、疫情前后桂林民宿消费者消费特征对比分析

(一)疫情前消费者民宿消费关注重点

根据数据统计结果,疫情前消费者民宿消费关注度最高的是"整体环境"(75.30%),其次是"卫生状况",消费者对"人身财产安全"(58.43%)、"民宿风情、文化等体验"(57.53%)、"地理位置"(52.71%)、"价格"(48.80%)以及"服务质量(47.29%)"这五个项目关注度比较高,达 50% 左右,对"娱乐活动"(13.25%)、"跟房东和其他房客交朋友"(7.53%)关注度比较低(图 5-12)。

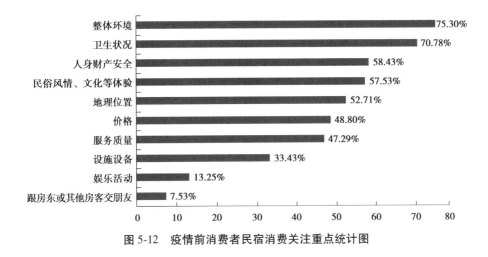

图 5-12　疫情前消费者民宿消费关注重点统计图

（二）疫情后消费者民宿消费关注重点

根据疫情后的关注重点统计数据可以发现（图 5-13），疫情后消费者最关注的民宿内容由"整体环境"变成"卫生状况"（75.30%），对"整体环境"（57.53%）、"人身财产安全"（49.70%）以及"服务质量"（44.28%）的关注度依旧很高，但是对"民宿风情、文化等体验"（33.73%）、"设施设备"（28.01%）、"地理位置"（28.01%）、"价格"（26.81%）等的关注度都大幅度下降。我们可以发现，受疫情影响，不仅消费者的出游频率减少，出游距离缩短，消费者的民宿消费行为也发生了变化。

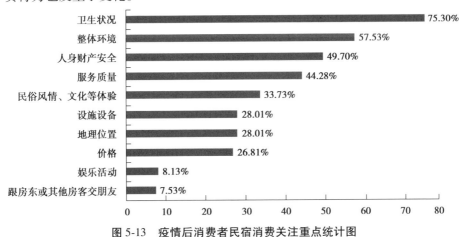

图 5-13　疫情后消费者民宿消费关注重点统计图

　　疫情后,卫生状况是民宿消费者最关注的问题,因此,卫生是当前民宿经营者要解决的首要任务。民宿经营者一方面要加强对门店的消毒清洁,另一方面也要对员工进行重新培训,树立并提升卫生意识,培养卫生习惯,全面提高民宿的整体卫生水平。

　　疫情不仅给民宿经营者带来了巨大的挑战,也对民宿管理者提出了新要求。数据统计结果显示,消费者希望有关部门能加强民宿"环境卫生"(68.67%)、"服务质量"(58.43%)以及"安全保障"(55.12%)等方面的监管(图5-14)。确保疫情后民宿的卫生安全不仅需要消费者加强卫生意识,民宿经营者提高民宿卫生水平,更需要有关部门采取相应措施,加大监管力度,比如制定更严格的清洁防控标准。

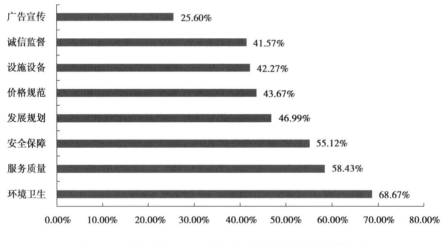

图 5-14　疫情后消费者对民宿管理部门的期望措施统计图

三、疫情后桂林民宿消费者满意度分析

　　最后,本书通过调查问卷,借助 SPSS 23.0 软件对疫情后桂林民宿消费者满意度情况以及满意度影响因素进行分析。疫情后桂林民宿消费者满意度问卷调查部分将采用李克特 7 级量表进行,被调研者对每个测量指标用"1~7"数值赋分,最高分"7 分"表示"完全同意",最低分"1 分"表示"完全不同意"。

（一）整体满意度分析

满意度调查数据显示,消费者对桂林民宿各项指标以及整体满意度的评分主要集中在4~6分,负面评价(1~3分)在5%左右,高分(7分)评价不足15%。消费者民宿整体满意度的均值为5.27,再宿意愿的均值为5.05,推荐意愿为5.13(表5-2)。

通过数据分析可以发现,疫情后消费者对桂林民宿的整体满意度还是比较高的,民宿基本上能满足消费者的各项服务需求,但还是有近5%的消费者给出了负面评价,高分评价占比也比较低,说明桂林民宿还存在许多问题,服务质量也待进一步提升和加强。

表 5-2　疫情后桂林民宿消费者满意度调查表

指标选项	完全不同意	不同意	比较不同意	一般	比较同意	同意	完全同意	均值/分
周边环境	4（1.2%）	3（0.9%）	8（2.41%）	71（21.39%）	105（31.63%）	94（28.31%）	47（14.16%）	5.23
设计风格	2（0.6%）	2（0.6%）	10（3.01%）	72（21.69%）	107（32.23%）	94（28.31%）	45（13.55%）	5.23
配套设施	2（0.6%）	4（1.2%）	19（5.72%）	81（24.4%）	100（30.12%）	86（25.9%）	40（12.05%）	5.08
卫生状况	2（0.6%）	6（1.81%）	13（3.92%）	75（22.59%）	113（34.04%）	88（26.51%）	35（10.54%）	5.09
消费价格	3（0.9%）	8（2.41%）	9（2.71%）	71（21.39%）	109（32.83%）	92（27.71%）	40（12.05%）	5.14
服务质量	4（1.2%）	2（0.6%）	6（1.81%）	72（21.69%）	107（32.23%）	100（30.12%）	41（12.35%）	5.23
安全保障	3（0.9%）	4（1.2%）	8（2.41%）	74（22.29%）	110（33.13%）	91（27.41%）	42（12.65%）	5.18
特色餐饮	7（2.11%）	8（2.41%）	20（6.02%）	116（34.94%）	81（24.4%）	65（19.58%）	35（10.54%）	4.78

续表

指标 选项	完全 不同意	不同意	比较 不同意	一般	比较同意	同意	完全同意	均值 /分
娱乐活动	7 （2.11%）	10 （3.01%）	23 （6.93%）	127 （38.25%）	73 （21.99%）	61 （18.37%）	31 （9.34%）	4.67
整体 满意度	3 （0.9%）	2 （0.6%）	1 （0.3%）	65 （19.58%）	125 （37.65%）	98 （29.52%）	38 （11.45%）	5.27
再宿意愿	5 （1.51%）	5 （1.51%）	15 （4.52%）	82 （24.7%）	102 （30.72%）	82 （24.7%）	41 （12.35%）	5.05
推荐意愿	4 （1.2%）	8 （2.41%）	9 （2.71%）	80 （24.1%）	95 （28.61%）	92 （27.71%）	44 （13.25%）	5.13

（二）各项指标消费者满意度分析

从民宿消费者满意度的各项指标来看，疫情后消费者对桂林民宿的"周边环境""设计风格""服务质量"满意度最高，均值都为 5.23 分。根据调研了解到，疫情期间大家都被困在家里，活动受限，心情也较为沉重，身心都需要得到释放。桂林是中国乃至世界著名的旅游城市，自古便有桂林山水甲天下一说。桂林的山，平地而起，千姿百态；漓江的水，蜿蜒曲折，明洁如镜。桂林民宿大多都建造在这山水之间，周围处处是风景，不用出去就能坐拥这以人间天堂著称的山水美景。桂林民宿的设计大多采用现代设计，融舒适和便利于简约而时尚的风格中。这里延续了历史建筑的年代感，又将大气简约的现代建筑融入山环水绕的漓江风光中，完美诠释了融入自然的设计理念。有些民宿还将少数民族文化融入其中，无论是装饰摆件，还是员工着装都散发着浓郁的少数民族风情，给消费者带来不一样的体验。这样的"周边环境""设计风格"以及"服务质量"给消费者打造了一个世外桃源，能让羁旅之人减轻全身疲劳、忘却心灵的疲倦、感受精致慢生活。因此，民宿消费者对桂林民宿的这三项评分较高。

除此之外，桂林民宿在"安全保障"（5.18 分）、"消费价格"（5.14 分）、"卫

生状况"（5.09 分）、"配套设施"（5.08 分）这四项指标表现得也较不错，都在 5
分以上。从调研过程中的访谈内容了解到，消费者对配套设施的不满之处主要
集中在部分设施老旧、热水供应不足以及隔音效果差问题上；"卫生状况"方面
的不足主要在于蚊虫叮咬、被褥潮湿以及没有提供清洁消毒工具；消费者对于
"消费价格"和"安全保障"方面的负面情感主要是来自个体差异，不同个体对
于价格的敏感度和安全的感知情况有差异。

但是在"特色餐饮"和"娱乐活动"两项指标上，桂林民宿表现得有些不尽
如人意。调查中有许多消费者表示，民宿提供的餐饮和娱乐活动都缺乏特色，
有些中低端民宿甚至不提供餐饮服务和娱乐活动。从前面的研究可以看到，消
费者对民宿的餐饮服务、娱乐活动关注越来越多，要求也越来越高，餐饮和娱乐
活动服务水平直接影响消费者对民宿的整体满意度及再宿意愿。在当前激烈
的竞争中，民宿经营者想要自家民宿脱颖而出，就必须重视民宿特色餐饮和娱
乐活动项目的开发。

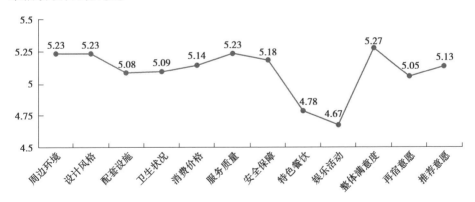

图 5-15　桂林民宿消费者满意度均值折线图（单位:分）

（三）消费者满意度差异性分析

1.差异显著性分析

通过单因素方差法得出桂林民宿消费者满意度在性别、年龄、学历、职业、
民宿价位及入住次数方面的差异显著性值，从而检验消费者满意度在这些方面
差异性是否明显。由表 5-3 可知，桂林民宿消费者满意度在年龄的 p 值为

0.000,在 0.01 水平以下,说明在年龄方面表现出显著的差异性;在性别、学历和民宿价位的 p 值分别为 0.028、0.026 和 0.015,在 0.05 水平以下,说明在性别、学历和民宿价位方面差异性比较明显;在职业和入住次数的 p 值分别为 0.133、0.894,均大于 0.05,说明在职业和入住次数方面差异性不明显。

表 5-3 民宿消费者满意度差异显著性分析

因子	变量		平方和	df	均方	F	p
性别	满意度	组间	6.335	1	6.335	4.842	0.028
		组内	431.770	330	1.308		
		总数	438.105	331			
年龄	满意度	组间	17.825	4	4.456	4.245	0.000
		组内	343.316	327	1.050		
		总数	361.142	331			
学历	满意度	组间	14.082	4	3.521	2.804	0.026
		组内	410.520	327	1.255		
		总数	424.602	331			
职业	满意度	组间	13.507	8	1.688	1.569	0.133
		组内	347.634	323	1.076		
		总数	361.142	331			
民宿价位	满意度	组间	15.906	5	4.181	4.039	0.015
		组内	351.236	326	1.077		
		总数	361.142	331			
入住次数	满意度	组间	0.672	3	0.224	0.204	0.894
		组内	360.470	328	1.099		
		总数	361.142	331			

2.民宿满意度交叉分析

运用 SPSS 23.0 软件对差异显著性分析结果中显著性较强的四个因子:"性

别""年龄""学历"以及"民宿价位"进行交叉分析,进一步了解桂林民宿消费者满意度的差异性(表5-4)。

(1)不同性别的消费者对桂林民宿各项目的满意度不同

整体而言,相比女性消费者,男性消费者对民宿各项目有着更高的满意度。表5-4的结果显示,女性消费者对桂林民宿满意度整体评价均值为5.20分,而男性消费者对桂林民宿满意度整体评价均值为5.41分,略高于女性消费者。且男性消费者对桂林民宿的每一项目满意度均值都略高于女性消费者。其中周边环境和安全保障两项的满意度分差最大:对周边环境的满意度,男性消费者均值5.41分,而女性消费者均值仅为5.14分;对安全保障的满意度,男性消费者均值5.40分,而女性消费者均值仅为5.08分。

(2)不同年龄段的消费者对桂林民宿各项目的满意度不同

整体而言,20岁以下年龄段的消费者对桂林民宿整体满意度最低,均值为4.48分,在所有年龄段中均值唯一低于5分。30~39岁年龄段的消费者对桂林民宿整体满意度最高,均值为5.47分。从桂林民宿各项目来看:20岁以下年龄段的消费者在每一项服务的满意度得分都是最低的;20~29岁年龄段的消费者在配套设施、消费价格两项服务上满意度最高;40~49岁年龄段的消费者在特色餐饮这一项服务上满意度最高;其他服务项目均是30~39岁年龄段的消费者满意度最高。

(3)不同学历的消费者对桂林民宿各项目的满意度不同

从桂林民宿整体满意度来看,小学及以下学历的消费者满意度最低,均值为4.50分,高中/中专、硕士及以上学历的消费者满意度最高,均值为5.44分。从桂林民宿各项目来看,每一项目的满意度的最低分都在高中/中专以下学历。除配套设施服务满意最高得分在初中学历消费者之外,其他项目服务满意度最高得分均在高中/中专及以上学历。总的来说,消费者学历对桂林民宿各项目满意度感知的影响体现为以高中/中专学历为中间线,学历越高或越低,满意度呈下降趋势。

（4）入住不同价位民宿的消费者对桂林民宿各项目的满意度不同

整体来看，入住民宿价位在 1 000 元以上的消费者对桂林民宿整体满意度最低，均值为 4.57 分，入住民宿价位在 500~800 元的消费者对桂林民宿整体满意度最高，均值为 5.79 分。800 元是民宿价格满意度的分界线：民宿价位在 800 元以下时，民宿价格越高，消费者满意度越高；民宿价位超过 800 元，民宿价格越高，消费者满意度就越低。从入住不同民宿价位消费者对桂林民宿各项目服务满意度来看，除配套设施满意度最低在 100 元以内，消费价格满意度最低在 800~1 000 元以外，其他项目服务满意度最低均在 1 000 元以上，这说明目前桂林高端民宿做得还不够好，消费者的满意度较低。

表 5-4　民宿消费者各评价指标满意度交叉分析

交叉分析项		周边环境	设计风格	配套设施	卫生状况	消费价格	服务质量	安全保障	特色餐饮	娱乐活动	整体满意度
性别	男	5.41	5.36	5.14	5.29	5.28	5.32	5.40	4.90	4.86	5.41
	女	5.14	5.17	5.05	5.00	5.07	5.19	5.08	4.72	4.58	5.20
年龄	20 岁以下	4.57	4.57	4.57	4.57	4.52	4.67	4.67	4.57	4.43	4.48
	20~29 岁	5.16	5.27	5.19	5.08	5.25	5.25	5.16	4.64	4.58	5.31
	30~39 岁	5.49	5.41	5.18	5.28	5.13	5.48	5.40	4.88	4.85	5.47
	40~49 岁	5.27	5.22	5.00	5.15	5.19	5.14	5.18	5.01	4.78	5.25
	50 岁及以上	5.12	5.08	4.88	4.80	5.00	5.00	5.04	4.64	4.48	5.08
学历	小学及以下	4.50	4.75	4.75	4.75	4.50	4.50	4.75	4.75	4.75	4.50
	初中	4.86	5.29	5.29	4.71	4.43	4.86	4.71	4.29	4.71	5.00
	高中/中专	5.38	5.31	4.81	5.06	5.31	5.31	5.25	4.97	5.22	5.44
	大专/本科	5.21	5.22	5.11	5.12	5.17	5.23	5.18	4.77	4.59	5.24
	硕士及以上	5.34	5.29	5.10	5.07	5.02	5.32	5.29	4.80	4.76	5.44
民宿价位	100 元以内	4.97	5.06	4.94	4.94	5.22	5.31	5.03	4.56	4.61	5.11
	200~300 元	5.22	5.21	5.07	5.06	5.18	5.18	5.19	4.77	4.62	5.23
	300~500 元	5.42	5.35	5.19	5.27	5.10	5.32	5.23	4.94	4.98	5.42
	500~800 元	5.36	5.43	5.07	5.29	5.07	5.36	5.43	4.93	4.64	5.79
	800~1 000 元	5.75	6.00	5.00	5.25	4.25	5.75	5.50	5.25	4.75	5.50
	1 000 元以上	4.71	5.00	5.14	4.86	4.57	5.00	4.86	4.29	4.00	4.57

第六章　桂林民宿产业创新发展经验

创新是发展的灵魂,在桂林民宿产业的发展历程中,也走出了一条机制创新、模式创新、品牌创新之路。

一、创新管理机制,通过制度建设为民宿产业发展提供保障

桂林民宿多种经营方式并存,不断加强制度化建设,创新管理机制。为解决民宿产业发展无序、产业集聚效应不强、产品特色薄弱的问题,培育出具有成本优势、区位优势、资源优势的民宿集群,桂林市先后出台了《桂林市人民政府关于加快民宿经济发展的指导意见》等。借鉴日本以及我国台湾地区和莫干山民宿发展经验,加强顶层设计,按照全域旅游的需求,建立桂林民宿产业核心发展理念,形成了山水文化背景下的特色化、品质化发展道路。桂林民宿在自主经营、租赁经营的基础上,流转经营、政企+村企、工商资本+农户等多种众创共享经营模式不断推陈出新,民宿经济不断被赋予新内涵。

二、创新发展模式,通过多方合作实现民宿产业创新发展

桂林民宿管理者不断拓展思路,开展多方合作,探索多样化的民宿产业发展道路,形成了独具特色的桂林民宿产业创新发展模式。

一是创新旅游+扶贫模式,提高贫困村民脱贫致富能力。桂林引入全球最大的民宿分享平台 Airbnb 爱彼迎,并联合中国科学院、桂林旅游学院打造了爱

彼迎桂林龙胜乡村旅游扶贫项目,通过"精准识别扶贫对象—规划建设特色民宿—构建保障机制—推广营销目的地"四大阶段,构建"贫困户民宿+地球村旅游客户"的全球化精准扶贫模式。该模式在分享经济理念基础上构建利益联结机制,采取"爱彼迎+乡村合作社+农户"的运营模式,实行全民分红、多劳多得的利益分配方式,提高村内旅游发展参与度。该项目被评为 2019 世界旅游联盟旅游减贫案例,世界银行、联合国粮农组织"全球减贫案例征集活动"最佳案例。

二是创新乡村治理模式,为民宿产业发展提供良好的发展环境。如阳朔历村,把美丽乡村建设与民宿发展相结合,2003 年成立民居旅游协会,充分发挥行业自律自治作用。村里卫生有专人负责,环境卫生整洁,服务质量规范。民居旅馆 22 家,农家饭馆 39 家,一天能接待游客近 2 500 人。该村有导游 50 多名,均以带外宾为主,其中 60 多岁、懂 11 国语言的"月亮妈妈"徐秀珍享誉国内外。2003 年阳朔历村获得了"桂林市文明卫生村"称号,2004 年荣获"桂林市农家乐旅游示范点"荣誉称号,被桂林市旅游局推荐为"农家乐旅游项目",2005 年又被桂林市旅游局授予"民居旅游示范村"称号。同时,阳朔历村还荣获"广西农业旅游示范点"称号。

三是创新人才培养模式,为民宿产业发展提供智力支撑。桂林民宿积极与桂林旅游学院、广西师范大学、桂林理工大学等院校合作,开展民宿产业人才培训。根据爱彼迎桂林龙胜乡村旅游扶贫项目编撰了《现代乡村民宿运营与管理实务》一书,为国内民宿产业发展提供了标准教材。2018 年阳朔民宿学院成立,截至 2019 年底累计开展学员业务培训 23 期,培训店长、业主等管理人员 1 000余人次,提高了阳朔旅游民宿人才管理素养。

三、创新品牌建设,打造桂林山水美宿品牌

桂林民宿通过"政企"合作、"村企"合作等方式,引入民间资本,逐渐以漓江流域为主线,形成了城市、景区、古镇、山村等形态不同的民宿群落,引进具有

先进经验和理念的专业化团队,发挥其示范和引领作用,打造了一批高端特色民宿品牌产品。民宿头部品牌注重与区域人文历史、自然景观、生态环境等有机结合,在在地文化传承、目的地形象打造方面发挥了积极的作用,有力地促进了桂林整体民宿品牌形象的提升。

四、创新绿色发展,建设人居和谐生态环境

民宿经济使乡村旅游发展与脱贫致富相互促进,把美丽乡村建设成果转化为"美丽经济",让"青山绿水、田园野趣"转化为经营资本,促进村容村貌改善,吸引年轻人回乡创业、就业,带动文创产品的销售,传承历史文化,扩大乡村知名度,提升农民素质,增强农民获得感。

桂林民宿产业发展取得了积极的成果:一是民宿产业发展与脱贫攻坚、乡村振兴深度融合。一批深度贫困村寨通过发展民宿实现了脱贫致富,如龙脊江边村,原来深度贫困户占30%,经营民宿后,全村户均实现增收20%。阳朔鸡窝渡村,村民人均收入达到18 000多元。二是民宿产业发展促进了旅游业态转型升级,助力在地文化传播、非遗传承和文创发展,激发了当地居民的文化自觉性,促进其自觉地保护传统文化,树立文化自信,实现文化自强。米粉文化、油茶文化、桂剧文化、桂林抗战文化、茶文化、山水禅文化得到了充分发掘和传播,有力地推动了桂林从自然观光型旅游目的地向生态、文化、康养度假型休闲目的地转变。三是民宿产业发展有效联动了相关产业发展,实现"民宿+",如民宿+拓展、民宿+美食、民宿+生态农业、民宿+康养等。四是民宿产业发展不断提质增效,实现了高端民宿精品化、中端民宿规范化、大众民宿温情化。桂林各地出现了一批民宿集聚区和头部品牌民宿,对桂林民宿产业发展起到了积极的示范引领作用,提升了桂林山水美宿的整体形象。如阳朔遇龙河、桂林桃花江等民宿集聚区,以及在2019博鳌国际民宿产业发展论坛上入选全国十大民宿

游学基地竹窗溪语、和舍等。五是民宿产业发展改善了生态环境和营商环境，促进了美丽乡村建设。当地居民自觉自愿参与"美丽广西·清洁城乡"行动，主动改变生活方式，清洁家园，清洁水源，清洁田园，通过修建饮用水供应系统、排污系统以及卫生公厕、淋浴设施等基础设施，改善了村寨环境，引导居民和游客自觉维护环境卫生，建设美好家园。

第七章　桂林民宿产业发展中存在的问题

在历届市委、市政府的大力支持下,在民宿行业的共同努力下,桂林民宿产业发展走出了一条发展创新之路,取得了可复制、可推广、可分享的"桂林经验"。但是也要看到,桂林民宿产业发展中仍存在很多问题,分别表现在宏观、中观、微观层面,认真梳理这些问题,有利于准确找到问题的症结,为民宿产业未来的发展找对药方、找好路径。

一、宏观政策经济层面存在的问题

(一)新冠疫情和经济下行对民宿产业发展产生的消极影响

2019 年,中美贸易战、英国脱欧等全球不确定性等因素增多,2020 年遭遇百年一遇的新冠疫情,我国经济下行压力持续加大,特别是在新冠疫情影响下,民宿产业发展受到严重制约。调查结果显示,桂林民宿 2020 年的入住情况普遍不如往年,且民宿淡季的到来较往年有所提前。2020 年第一季度桂林民宿基本没有收入,包括一部分头部精品民宿在内,民宿主普遍感到压力较大。2021 年,随着疫情管理常态化,旅游业开始复苏,民宿业也逐步回暖,相比 2020 年,桂林民宿的入住情况明显好转,但由于疫情尚未完全结束,各地开发旅游市场尚未明确,加之疫情重创国内经济,对旅游业的冲击更具有滞后性,桂林民宿产业发展还是举步维艰。

(二)缺乏强制性民宿法规不利于民宿产业可持续发展

虽然中国旅游协会民宿客栈与精品酒店分会于 2016 年 10 月成立了,文化和旅游部 2019 年修订出台了《旅游民宿基本要求与评价》,力图加强对民宿行业的指导和管理,但因为评价标准只是推荐性标准,不具有强制要求,行业协会的管理也较为松散,目前各地虽然出台了一些地方性法规,但广西壮族自治区和桂林市均尚未出台民宿管理办法等强制性地方性法规,在消防、治安、信用保障、食宿卫生质量等方面仍存在一些管理漏洞,很多民宿处于无监管部门、无经营许可证、无法开具发票的"三无"状态,存在监管缺失的情况。从桂林民宿消费市场的问卷调查结果中也能看出,消费者对目前桂林民宿部门监管情况较不满意,希望有关部门加强民宿环境卫生、服务质量以及安全保障等方面的监管。尤其是疫情后,消费者对民宿的卫生状况有了更高的要求,需要有关部门采取相应措施,加大监管力度,制定更严格的清洁防控标准。

二、中观领域管理层面存在的问题

(一)民宿多头管理问题突出,未形成有效的民宿治理体系

受政府职能部门改革和对民宿的认识等因素影响,桂林民宿的主管部门经过了旅游局—商务局—旅游发展委员会—文化广电旅游局的管理路径变迁,此外民宿经营与税务、工商、公安、消防等多部门都有关联,目前还处于多头管理、各自为政的阶段。如在土地政策方面,民居旅馆发展空间在一定程度上还受制于"一户一宅"土地政策的限制。如果按照宅基地相对固定面积改建民宿,其房间数量就会受到一定限制,既无法分摊运营成本,也无法承接更多游客。特种行业许可证难以办理,多数民宿在缺乏特种行业许可证情况下带"病"运营。在水电政策方面,供电部门对农村电网管理水平、服务质量等普遍重视不够,季节性、间歇性的断电、停电极大地影响了民宿的正常运营。在用电价格上,桂林民宿还未能实现与工业、其他服务业的同等待遇。在税费政策方面,许多民宿主不愿意登记注册,从而导致民宿在一定程度上还游离于政府部门的监管之外。

(二)民宿发展不均衡,尚未形成高识别度的目的地整体民宿品牌形象

桂林全市只有桂林市区、阳朔县、龙胜县的民宿规模比较大,其余县区的规

模都较小,存在比较明显的区县差异性。全市民宿发展不平衡,布局分散。虽然桂林民宿已经形成了特色鲜明的民宿头部品牌,但大多数还属于设施相对简陋的家庭式经济型小旅馆,近六成民宿员工数量在 5 人以下,采用传统家庭式经营管理,且服务水平和服务质量参差不齐,低层次的服务水平、营销手段又制约了民宿经济效益的提高和投入的增加,从而难以形成品牌效应。相对于"桂林山水甲天下"的目的地品牌形象,桂林民宿尚未形成高识别度的子品牌形象。

(三)周边环境和配套设施制约民宿产业快速发展步伐

乡村道路及路标、环境卫生、停车场地、用水用电、通信网络等公共设施建设滞后,对民宿产业发展形成较大制约。一些乡村,虽然在新农村建设中增加了基本的公共设施,但立足点基本是服务于当地社区,对客源大规模增加后导致的垃圾增加、污水排放、治安事件增多缺乏有效预控,接待配套出现瓶颈,相关设施明显不足。另外,处在居民小区的一些城市民宿没有征得小区居民的同意,因噪声及其他污染容易引起居民不满,也存在较为严重的安全隐患。

(四)缺乏统一规划,民宿产业无序发展态势明显

根据携程网数据可知,截至 2021 年 5 月,桂林民宿有 2 706 家,还有一批民宿即将开业,而多数民宿聚集在遇龙河、桃花江等自然形成的民宿聚集区。因为缺乏统一规划,低端民宿扩张迅速,民宿竞争激烈,呈现低端、无序发展态势,影响到一些精品民宿聚集区的打造。

(五)民宿信用体系有待完善,智慧化水平较低

目前民宿产业经营基本是依托互联网平台,通过分享经济模式运营。信用评价主要通过平台进行监管,未与公安、金融、税务等监管体系接轨,存在一定的监管漏洞。桂林民宿产业尚未建立起统一的民宿信息化管理系统,智慧化管理水平较低。

(六)从业人员素质参差不齐,缺乏专业的培训体系

民宿是非标住宿的一种,标准化和个性化服务元素兼具。例如,既要提供

高质量的前台、客房、餐饮服务，又要体现主人的精神，做好管家服务。调研中发现，目前的民宿经营者主要有三类：一是有能力、有条件的当地村民；二是一部分返乡青年；三是追求诗意栖居的城市白领和中产阶级。而民宿具体服务的提供者一般是当地村民。上述人群缺乏住宿业从业背景、经验和专业知识，使民宿的服务质量存在较大差异，不利于民宿的可持续运营。

（七）外来民宿主获得地方认同度还需要提高

调研中发现，桂林部分民宿，特别是头部品牌民宿，外来民宿主占了一定比例。外来民宿主一般怀着对本地的热爱来到目的地经营民宿，他们丰富的人生阅历、高学历、资历背景等，理应帮助当地在推动乡村振兴和可持续发展方面做出更大贡献，但在目前的体制机制中他们很难发挥更大价值。

三、微观民宿运营层面存在的问题

（一）民宿同质化较强，差异化不足

根据调研可知，目前桂林民宿主体仍为经济型民宿和乡村民宿，单房价格较低，民宿缺乏设计，民宿产品以传统住宿、餐饮为主，缺乏周边产品，民宿主受个人知识积累和视野制约，运营和服务缺乏特色，产品同质化严重，没有形成依托在地文化和主人文化的特色民宿产品。

（二）营销能力不足，竞争力不强

大部分民宿因为体量较小，无法承担较高的线上或线下营销成本支出，此外，受民宿主个人经验、能力制约，营销方式和营销能力均较为有限。

（三）安全卫生保障薄弱，存在较大风险

由于部分民宿未纳入旅馆业进行监管，从业人员素质参差不齐，导致民宿安全卫生等方面存在一定问题，特别是无人服务的城市小区民宿领域，安全风险较大。

（四）硬件设施配套不足，服务质量亟待改善

根据对民宿消费者消极评论逐条分析发现，导致消费者对桂林民宿产生不满的原因从高到低依次为硬件设施、服务质量、总体评价以及地理环境。虽然消费者对桂林民宿整体评价较高，但仍然有部分民宿存在着设施设备简陋、卫生质量较差、服务意识薄弱、价格不合理等问题。

第八章 桂林民宿产业高质量发展方向与路径

为进一步优化民宿发展环境,推动民宿实现可持续发展,课题组建议紧紧围绕国家战略和桂林未来的发展方向,着力破解在宏观、中观、微观层面制约民宿产业发展的问题,为桂林民宿产业发展提供思路。

一、桂林民宿产业发展整体思路和模式架构

桂林民宿产业发展的整体思路是认真贯彻落实党的二十大和二十届二中全会精神,将民宿产业高质量发展作为深入贯彻乡村振兴战略和全域旅游战略的重要抓手,作为建设桂林国际旅游胜地和推进桂林旅游转型升级的重要支撑,统筹管理,政策扶持,创新发展。宏观层面增加政策供给和扶持,依法规范管理;中观层面建立有效的民宿产业治理体系,打造有利于民宿产业发展的制度环境、生态空间和人文氛围;微观层面强化培训,创新营销模式,提升服务质量,推进桂林民宿产业规范化、特色化、精品化、集聚化、智慧化、多元化高质量发展,打造生态、文化、旅游、农业、康养等关联要素集成化融合的"民宿+"经济新业态和桂林山水美宿品牌。

桂林民宿产业发展的模式是做好两横两纵一核心的"井"字架构。两横为头部民宿和民宿聚集区在规范化、个性化的基础上向高端化、精品化发展、经济型民宿和乡村民宿向规范化、个性化发展;两纵为民宿要体现桂林在地文化特点、民宿要打造主人文化和主人精神;一核心为"融合",即文旅融合、城乡融合、

社区融合、主客融合。

桂林民宿产业发展的"井"字模式如图8-1所示。

图8-1　桂林民宿产业发展"井"字模式

二、桂林民宿产业发展的工作路径

(一)增加政策供给,实施民宿标准化管理

桂林市人民政府组织编制《桂林市民宿产业发展三年行动计划(2019—2021年)》《桂林市旅游民宿管理办法》《桂林市中小旅馆(民宿、农家乐)消防安全管理办法(试行)》等相关规定,加强对桂林民宿经济的指导,组织对桂林民宿特色集聚区、民宿特色示范村及单体民宿的认定和评星评级工作,引导桂林民宿有序发展;建立健全市、县(市、区)两级民宿协会组织,鼓励在民宿特色集聚区建立民宿主委员会,发挥协会组织在民宿等级评定、整合营销、平台建设、品牌推广、从业人员培训等方面的作用,激励民宿主根植桂林,服务桂林。结合疫情出台的相关纾困政策,对桂林民宿在疫情后经营进行扶持。

(二)强化协同配合,推动民宿规范化引领

强化协同配合,文化和旅游主管部门牵头抓好桂林民宿行业规划、经营服务标准、民宿品牌培育和推广工作。住房、农业、公安、消防、卫生、国土等相关

主管部门围绕民宿产业发展任务,加强协调联动,做好有关政策支持、业务指导等工作,依法查处违法违规行为,合力推进民宿产业发展。

(三)制定民宿规划,强化桂林民宿空间化布局

结合桂林民宿空间分布形成的优势和存在的问题,尽快制定"桂林民宿产业发展十四五规划",对民宿特色集聚区的空间布局、民宿分布、市场规范、民宿管理和投融资等进行一体化规划。桂林民宿产业发展"十四五"规划要与桂林市旅游发展战略和乡村发展规划相衔接,形成合力;要与全域旅游建设规划相衔接,围绕桂林山水文化生态旅游精品路线建设打造民宿特色集聚区,优化布局,规范管理,避免集聚区内民宿无序发展,促推精品化民宿特色集聚区的形成;要与"美丽桂林"乡村建设活动相衔接,依托全国历史文化名镇名村、全国景观旅游名镇名村、广西名镇名村及中国传统村落保护工程、新型城镇化示范乡镇建设工程等,打造生态休闲农业和乡村旅游景点相结合的民宿特色示范村。

(四)创新民宿产业发展特色,打造桂林山水美宿品牌

把打造本土民宿特色和"重个性、慢生活、深体验"的休闲康养度假模式作为民宿产业发展的重点,因地制宜结合桂林历史文化和山水资源优势,将民宿产业与在地文化结合,同时融入主人的兴趣爱好,突出产品的地域性和个性,强化创意创新、低碳环保、打造"一村一特色、一家一主题、一幢一风景"的民宿模式。可重点打造少数民族文化、山水文化、梯田文化、红色文化、米粉文化、有机农业等多元民宿文化,强化品牌张力,加强营销推广和大数据精准营销,组建桂林山水美宿营销联盟,积极推介桂林民宿,建立可识别的桂林民宿整体品牌形象。

(五)注重民宿产业和文创产业融合发展,做好"民宿+"多元化发展

加大民间工艺品的开发力度,推出具有桂林特色、内涵丰富的文化旅游产品,丰富民宿文化内涵,增强民宿产业的文化特色,提升桂林民宿产业的核心竞争力。积极做好"民宿+"产业的融合发展,充分发挥民宿的杠杆作用。

(六)构建民宿从业人员培训体系,促进从业人员素养提升

开展线上线下培训,帮助民宿提升动力;深入推广与爱彼迎桂林龙胜乡村旅游扶贫项目后期的培训合作,联合专业院校继续对民宿从业人员,有针对性地开展管家培训、服务技能培训、房东培训等,制订课程标准,强化实习实训体系建设,建立具有推广价值的培训体系,构建民宿人才培养模式。举行民宿从业人员技能大赛,提升从业人员素质。举办民宿产业发展论坛,邀请国内专家对桂林民宿产业发展,特别是人才队伍建设,献言献策。

(七)建立民宿产业信息化管理系统,实现民宿产业智慧化管理

建设基于(移动)互联网、采用云计算技术的新一代连锁民宿信息化管理系统,实现 CRS/PMS/LPS 一体化、前后台一体化,打通上下(文化旅游主管部门与民宿)、前后(民宿产业历史和现状)数据链,实现"对外推介营销,对内监测统计"等实时推介、线上预订、登记入住、金融支付、退房评价、数据采集、统计分析等功能,实现标准化、集中化、规范化的管理和品牌建设,提升旅游民宿信息服务能力和游客体验。

(八)实现乡村民宿与乡村治理的同步发展,助推乡村振兴

乡村民宿是现代乡村治理体系的重要治理单元,是乡村文明和现代化发展的重要体现。乡村民宿提档升级,要做到乡村硬件基础设施和软件治理体制的建设。乡村硬件基础设施建设方面,包括乡村交通、电气、移动通信等大型基础设施,以及垃圾处理、水质清洁、集中供暖、卫生安全、清洁能源、物联网等提升类基础设施,村容村貌、休憩空间等环境营造类基础设施。乡村软件治理体系涉及治理制度、民风民俗、人员素质、服务品质等内容,要通过基层治理体系改革和教育培训等方式进一步优化。

三、桂林民宿体验提升建议

(一)优化民宿地理环境

在民宿的选址上,既要注重周边风景是否独特,也要考虑交通通达性和生活便利性。对已经投入运营的民宿,经营者可以通过设立醒目标示、提前发送详细线路说明以及提供接送服务等方式方便顾客入住民宿,从而减少因民宿难找而产生的不满情绪。

(二)更新维护设施设备

设施设备是民宿服务产品的有形展示,直接影响民宿的整体服务质量以及游客的体验感知。民宿作为非标准住宿,更应该加强这方面的建设。民宿经营者应该定期检修各项设施设备,及时淘汰老旧、损坏的设施。针对隔音效果不好的问题,要尽快安装相应的隔音装置,以保护顾客的隐私和改善顾客的休息环境。

(三)提高民宿服务质量

桂林雨季多,湿度大,导致部分客房内部潮湿,有气味,民宿经营者可以利用防潮产品改善住宿环境,并定期为房间开窗透气通风。除此之外,要及时更换客房内的床上用品和洗漱用品,保持客房的清洁卫生。加强对服务人员的管理,强化服务人员服务意识,端正其服务态度,为消费者提供更加贴心、个性化的服务。

(四)突出民宿产品特色

民宿不同于传统酒店,其魅力和吸引力不在于是否配备豪华的服务设施,而在于能否让人体验到当地风情、感受民宿主人的热情与服务。因此,桂林民宿产业应该充分挖掘本土文化内涵,并将这些文化植入民宿的餐饮、购物、娱乐、休闲等产品中,打造特色鲜明、品种丰富、品质优良的产品体系,提升顾客的体验感。

第九章　桂林特色民宿案例

第一节　特色民宿案例

一、阳朔榕忆河畔小住

兴坪古镇,阳朔,广西,中国。

(一)民宿简介

榕忆河畔小住(以下简称"榕忆")成立于 2017 年,坐落于阳朔兴坪古镇,是一家只有 12 间房的小型民宿。榕忆作为兴坪古镇第一家中偏高价位的民宿,开业头两年是不愁流量的。那时高铁刚开通,兴坪古镇作为度假新兴地,市场尚未饱和,还是低端农家乐的天下,产品差异保证了榕忆的竞争力。

(二)民宿特色

2023 年,是榕忆进入民宿行业的第七个年头。作为民宿行业的"前浪",榕忆经历了民宿行业短短几年从成长到爆发再到白热化竞争的过程。如今民宿行业红利期已过,又受疫情的影响,很多民宿的生存举步维艰,更多没有特色、没有竞争力的民宿直接倒闭。

然而市场瞬息万变,新进入的民宿一家比一家高端、一家比一家投资实力强,产品迭代也很快。从消费属性来说,民宿是时尚消费的一种,需要根据市场风向调整,而民宿资产重、回报慢的特质,又决定了它不可能快速更新。再加上民宿复购频次低,体量小难留人才的"硬伤",造成了民宿的各种"负累"……

纵观江浙沪的头部民宿品牌,其要么走资本注入品牌化道路,要么与政府项目合作,得益于政府的扶植,民宿集群也成为 2022 年民宿最大的亮点。

那么,桂林这些非经济发达区域,靠游客吃饭的大量单体量小规模的民宿,应如何增强自己的竞争力?他们的路在何方呢?

从 2017 年开始,榕忆创始人老莫与兴坪古镇其他民宿主开始了探索。刚开始,他们为了提高目的地的影响力和知名度,抱团取暖,共同策划和组织了很多场大型活动,比如漓江三月三歌节、中秋漓江晚会、国庆美食节等。每场活动都有几十人到上百人的规模,参与客群以住店客人和少量周边客人为主。随着一次次活动的传播,兴坪古镇作为新兴旅行目的地这个 IP 的知名度大大提高了。

兴坪古镇的民宿大多与村镇无缝衔接。民宿主深知,一个良好的从商环境离不开社区邻里的友好合作与支持。随着民宿与当地民居的融合,当地居民也慢慢参与到社区建设中。比如,元宵舞草龙是大河背村一个流传百年的古老民俗,这个民俗在现今社会已岌岌可危、濒临失传。对此,水墨居的何姐觉得特别可惜,联系榕忆等民宿主动捐助村里,保存这个民俗的"火种",使其能每年坚持下去。作为大河背村的外来民宿,水墨居也一直义不容辞地为千年古樟的保护出钱出力。

2019 年,兴坪古镇多家民宿联合兴坪大河背村、镰刀湾村,与他们的客人共同组织了大型公益项目"山水无痕"。这次活动突破了以往只是宾主尽欢的模式,从"百人漓江捡垃圾"的公益活动开始,加入了国内著名平面设计师关于家乡的漓江海报展、摇滚乐队在千年古樟树下与村民接地气的联欢会、民宿主与社区绿色农户共同主办的环保产品集市。农户+民宿+客人+设计师+乐队这样神奇的组合,多维多元地展示 20 元人民币背景图所在的大漓江社区的精神风貌和文化品格。活动全程由来自民间的民宿主们和社区村委、农户自动自发主导,没有动用政府一分钱。

由于一直困惑于民宿体量难以扩张,榕忆在与其他民宿共建社区活动的同时,自然而然地想到了更深入的合作。2020年,榕忆与阳朔兴坪古镇的另一家民宿水墨居共同成立了以生产内容为主的榕忆生活品牌。

(三)疫情对民宿产业的影响及思考

2020年魔幻的开篇,让很多人猝不及防,尤其是旅游行业受到极大影响。所有人都跑到线上消费,无人旅游,再多的客房也无法变现。疫情也让他们更坚信只有赋予"住宿"更多的内容,才能提升自身的抗风险能力和竞争力。

一没有大企业的财力,二没有高素质人才的储备能力,小小民宿能做出什么内容? 老莫他们觉得内容不会从天而降,但也不能凭空捏造,只有扎根土地、根植生活,才可以源源不断地获得。一顿美食、一款美酒等都是他们可以产出的内容。

于是根据两家民宿的定位和特色,他们重点打造了莫小妖酒馆和段哥厨房两个IP。莫小妖是以老莫、榕忆女主人自身的故事打造的低度果酒品牌,是一款有主张、有调性的酒。"三千漓江水　一滴莫小妖",用漓江水和在地风物金橘、百香果、桂花酿造的低度果酒,既文艺又时尚,既是一款很好的当地旅游伴手礼,又是一款"半生归来的酒",诠释了他们对女性一生成长的理解。而段哥厨房是水墨居老段自己的写照,爱美食、爱厨房,在一饭一蔬中与家人、朋友分享自己对生活的热爱。

在这两个鲜活、生动、有主张的IP带领下,他们凝聚了一群以小镇青年为主力的热爱生活、热爱旅行的小伙伴。他们的品牌主张"容易生活　山水原乡美好生活"越发接地气,越发有内涵。疫情期间,大家忙得根本没有时间感叹命运,不是更新设备,就是升级品牌,梳理生活内容。目前,两家小小的民宿,已经形成了自己的民俗/休闲/户外/研学几大板块的产品。

3月,春已至,人未来。他们在漓江边,每天自己和自己玩,不断输出漓江边的生活。油菜花开,他们输出的产品就叫"花田下午茶",把茶台搬到花田里,一家老小不用急着去景点打卡,而是怡然自得地享受自然的美好及和家人独处的时光。复业之前,两家民宿凭借"漓江秘境两岸生活""一次出行,两种体验"的美好内容,各自预售了1 000多间房,帮助他们渡过了资金断粮的难关。

4月小阳春,他们通过带客人采摘,直接帮漓江农户卖出桑葚700多斤,这让他们看到了自己的能量。于是,他们又在自己的客户群里帮当地农户卖夏橙,半个月卖出近2 000斤。卖农产品并没有给榕忆生活带来利润,却丰富了他们的品牌内涵,增加了顾客的黏性,拓展了他们的价值边界,也增强了小伙伴们的幸福感。

疫情就是一次洗牌,没有核心竞争力的产品,都会被淘汰。大家都在思变,榕忆也一直在思考:民宿本就不是一个暴利行业,那其价值在哪里?幸运的是,他们找到了自己的价值所在:只有根扎得更深,能帮助的人更多,幸福感才更强。这不仅提高了民宿自身反脆弱能力,而且他们的努力和方向得到了很多人的认同。他们希望通过榕忆生活这个平台,慢慢地织出一张网,这张网里有政府、民宿、农户、设计师、客人等,土地上美好的一切,都在这里分享。

二、梵馨里香氛主题民宿

象山区,桂林市,广西,中国。

(一)民宿简介

梵馨里香氛主题民宿(以下简称"梵馨里")位于桂林市象山区安新南路18号52栋,坐拥漓江一线江景,视野开阔,风景甚好,有香气、色彩、音乐、美食四大元素,是桂林市一家香氛主题精品民宿。梵馨里有充满格调的花园庭院及星空玻璃餐厅,能满足用餐、聚会、下午茶、沙龙、SPA等各种需求,有6间风格各异的精品客房,温馨浪漫,充满女性气息,并由专业调香师设计了不同的香氛,宛如6位个性鲜明的芳香女神,牵引你触碰别样的芳香桂林。

作为桂林首家香氛主题民宿,梵馨里从2019年8月8日试运营到2020年

6月,不到一年时间,在桂林已经有了一些知名度。在疫情期间几乎每天都有慕名打卡的客人。住过梵馨里的客人基本上都会给出好评,这么短时间已经积累了一些回头客,而且很多客人都会自发帮民宿做宣传推广,也会带民宿的芳香产品回家继续用。客人们认为梵馨里是一个来了就不想离开的地方。倪子茜作为品牌的发起人,觉得民宿能得到大家的喜爱和认可,特别开心,觉得这一年多的努力和汗水没有白费。那些曾经的波折与困难,那些煎熬的日子与心情,终于都挺过去了……待到春暖花开,一定未来可期。

常常有人问倪子茜,怎么会想做民宿呢? 倪子茜曾经是一名导游,十几年的职业生涯,足迹踏遍了桂林的山山水水。她喜爱文学、色彩,以及一切美好的事物。做导游看似轻松,实则耗费体力与脑力。疲于奔波的她静下心来时常问自己:这是我想要的生活吗? 这是我理想的人生吗?

2016 年,倪子茜尝试转型。于是,她去西蔓色彩学习色彩搭配,成为色彩风格诊断师,并成立了诺茜色彩美学机构。接下来的两年,她策划举办了多场女性美学沙龙,分享美、传播爱、创造美,结识了许多有共同爱好的朋友。

倪子茜常想,桂林是一个贴了标签的城市,除了山水,还能赋予它什么新的色彩与气息呢? 在哪里能安放一个梦想花园,让来自全国,甚至世界各地有共同爱好的朋友能聚在一起,身边都有喜欢的人和事。于是,做民宿的想法应运而生。她理想中的民宿不仅要美,更要有主题、有内容,这样才能持续地跟客人发生故事、产生链接。于是,她开始游说经常合作办活动的尼欧老师。尼欧是桂林调香界的顶级人物,她不仅是尼欧芳疗工作室的创办人,更是香气博物馆桂林分校校长,法国第五感调香学院中国桂林校区校长,NAHA 美国国家整体芳疗协会芳疗师、芳香设计师、化妆品配方师,从事芳香疗法 18 年,有着丰富宝贵的经验。倪子茜费了九牛二虎之力,终于让尼欧应允加入,与她一起创办梵馨里民宿品牌。而民宿有了香气不仅有了主题,有了内容和产品,更有了灵魂与生命力。

现代人都承受着各种压力,回归自然成了很多都市人的渴望,而植物的天然香气能打开人的五感,放松并疗愈身心,激发人们对未来的美好憧憬。现在看来她们选的主题是十分明智的。2020 年春节期间,经历严峻疫情之后,更多的人开始重视健康,知道了最脆弱、最宝贵的就是生命,钱财等为身外之物。而纯植物芳香疗法也开始得到越来越多人的认可与关注。尼欧说,很多正规医院已经正式成立了芳疗科,梵馨里也属于大健康产业的一部分。它的使命就是为更多珍视生命与健康的有缘人服务,让大家的身心从芳香中获益。

在民宿的选址上,倪子茜和她的团队十分谨慎,几经周折,终于寻到了现在这块风景秀丽、交通便利的风水宝地。在这个过程中,倪子茜也幸运地遇到了志趣相投的其他几位合伙人,于是有了承载她们共同梦想与希望的梵馨里。除了亲近自然山水,她们还期待能从时代女性的视角,以曼妙植物的香气加上她们的生活智慧,塑造梵馨里的鲜明个性。

梵,原指植物茂盛生长,后延伸至佛的至高境界;馨,传播很远的香气;里,你想要的美好统统都在梵馨里。她们一定会将您“放心里”。梵馨里占地 500 平方米,仅有 6 间精品客房,很大部分面积规划成了公共区域。一楼的庭院偏日式风,客人可以很舒服地在院子里发呆、听音乐、晒太阳、聊天喝茶……还有一间 50 平方米的玻璃花房餐厅,客人可以品尝到院内以新鲜香草植物入料的东南亚风味美食。餐厅对外营业,每天都有很多客人打卡用餐,已经成为桂林小有名气的网红餐厅。民宿三楼设有一间江景星空小餐厅,视野开阔,风景绝佳,其主要功能是给住店客人享用江景阳光早餐,而在冬日下午的阳光下则特别温暖,适合跟闺蜜悠闲地喝茶、聊天、美拍。梵馨里的庭院芳香下午茶也是其一大亮点。到梵馨里美拍打卡,品尝芳香女神文慧精心制作的甜点,仿佛每一口甜点都是味蕾与大自然的亲密对话。不仅甜点的食材用料考究,而且每一款甜点都有一个诗意动人的名字:未央、芳华、晓梦、清音……原来她们的甜点都是根据每间房的香调创意设计的,这也是文慧跟尼欧共同合作的成果。

(二)民宿特色

香气、色彩、音乐、美食是梵馨里的四大元素,她们会定期举办各类主题沙龙,也能为客人策划专属的私人聚会,在交流与互动中一起探寻幸福的能量与真谛。香气是梵馨里的灵魂,梵馨里不仅每个房间有不同的香调,而且大厅、餐厅等公共区域也有不同的空间香氛,除了精油、洗浴用品,还有纯露、滚珠油、面膜、手工皂、沐浴油等系列香氛产品。客人踏进梵馨里的那一刻,就会进入迷人的香气世界中……

很多客人来到梵馨里,都感觉特别惬意与放松,发呆都觉得舒服。有客人问倪子茜,民宿的设计属于什么风格。民宿大门是中式风,进入院内亭子的结构偏日式风,室内又属于现代北欧风,局部还带点美式乡村田园风,但巧妙之处在于多种风格混合在一起不但不乱还十分和谐。庭院是上希文化陈惠文先生的作品。后期的软装是倪子茜自力更生,一点点淘一点点加,就有了现在大家看到的梵馨里。它既不轻奢,也不质朴,给人的整体感觉就是自然、舒适、浪漫、温馨,属于自然混搭风。

(三)疫情对民宿产业的影响及思考

回忆起装修的这一年,倪子茜感慨万千!好不容易过了设计的坎,施工又遭遇左邻右舍投诉的坎,还遭遇疫情停工的坎……每走一步都充满艰难险阻。尤其是在施工过程中,后面居民楼的邻居们担心民宿的改造会遮挡视线,去投诉要求停工。她就拿着图纸跟社区说明情况,再逐户拜访沟通,赠送民宿的芳香小礼物。后期无论是民宿排烟安装,还是空调外机的安放,都是按邻居们的要求做的,哪怕多花钱也在所不惜。她们的理念是做民宿,邻里关系一定要和谐,这样才能营造出良好的氛围,也才好开门做生意。倪子茜希望能将美好带给周围的人,而不是烦扰。她本着"分享美、传播爱、一起创造美"的初衷做这件事,又深知只有情怀,梦想会很难支撑,只关心盈利,客人到了就不会有好的体验,所以想走一条情怀与效益相结合的道路,虽然很难,但必须朝这个方向走。

当然在这个艰难曲折的过程中，倪子茜也得到了一些好朋友的支持与帮助、安慰与鼓励，但更多的是压力与打击，所以这一年多下来她的抗压能力增强了不少。疫情猝不及防地到来，打乱了她们所有的计划。2019 年 8 月 8 日，她们才开始试运营，由于只赶上了暑假的尾巴，又是新店，推广期知名度低，因此就很用心地做活动、做服务、做产品，争取来过的客人愿意自发地帮民宿做宣传推广。事实证明，效果不错。渐渐地有声音说，梵馨里是桂林市区最美最好的民宿。但万万没想到，此时疫情又卷土重来，整个桂林市场的春节旅游订单都被取消了。

倪子茜认为作为一个民宿主，在面对疫情时首先要做到的是卫生方面对客人更加认真负责，服务要更加细致入微。她们也会给入住的客人特别调配一些抗菌消毒的香氛产品，呵护客人的健康，让大家住得更安全、安心。合伙人尼欧老师用芳香疗法为梵馨里的伙伴保驾护航，不仅使她们的客人能享受到精油香氛产品的保护和美好体验，而且尼欧作为香气博物馆桂林分校的校长，早在2020 年春节疫情最严重时就已经为桂林医学院附属医院的医生和护士捐赠了价值 3 万多元的纯植物精油产品，慰问抗疫一线的白衣天使们。立志做芳香疗法的美好传播者，她们不只口头说说，而一直在付诸行动。

受疫情的影响，尽管旅游业和酒店民宿业持续低迷，但梵馨里会为了"分享美、传播爱"一直坚持下去。她们会不定期地举办各种不同主题的沙龙派对，也欢迎爱美、爱生活的人士到梵馨里举办各种活动。生日会、求婚、周年纪念日，客人想要的浪漫、美好、仪式感她们都有。芳香是梵馨里的灵魂，然而香气本身不重要，重要的是她们在香气里过着怎样的生活。只要有一双发现美的眼睛，有创造美的阳光心态，无论身在何处都能感受到美好。梵馨里不仅是一间民宿，还是对美好的追求、对梦想的执着。人活一世，总要摒弃糟粕勇往直前，在不断磨砺中诉说人生故事，在突破极限中诠释人生美好，在努力奋斗中书写精彩篇章。"倾馨香遇，自然梵里"，短短八个字，包含了对美好生活的无限向往，无限可能。

三、原点心墅精品酒店

七星区,桂林市,广西,中国。

(一)民宿简介

原点心墅精品酒店(以下简称"原点心墅")位于桂林市七星区栖霞路97号3栋,是临江的独栋别墅,总面积约1 000平方米,共3层,7间客房,总投资350万元。经过两年多的选址,一年的装修,于2017年11月正式营业,是国内首家以"身心灵健康禅修"为主题的精品轻奢美宿,其"原点心墅"品牌寓意着"人生从原点出发,回归内心,找寻生命的真谛,不忘初心,通过修行圆满生命的过程",也就是稻盛和夫先生所说的"她们一生修行就是让灵魂走的时候,比来的时候更纯净一点"。

原点心墅创始人田丽媛女士曾荣获2019年博鳌国际民宿产业发展论坛中国民宿时尚人物奖。原点心墅曾接待过国家一级演员王杰、漫画家张伟迪、上海美术学院知名画家、广州美术协会陈广发、桂林山水画第一人叶侣梅之子叶向慈等知名人士以及滴滴全球有限公司、腾讯公司、洛阳设计院等知名企业。2019年8月,第二家连锁店——原点心墅·拾光呆住精品酒店在阳朔正式开业。

（二）民宿特色

开办这样一家身心灵健康文化主题民宿，应该说是田丽媛人生阅历的转折。田丽媛之前在外企做翻译，没有闲暇时间生活、滋养爱好，热爱旅行、阅读、写作及艺术的她，厌倦了大城市的喧嚣及快节奏的生活方式，也曾独自多次前往印度修行，在禅修过程中，不断地探索一条有益身心健康发展的人生道路，经过不断的内观/修行与探索，一直思考寻找一种生活方式，既可以平衡身心、平衡工作和生活，又利于自己和他人，最后她决定做自己喜欢和擅长的事情，于是便萌生开办身心灵健康禅修美宿的想法。两三年中她看过无数地方，终于在2017年选中了这座临江独栋别墅，开启了她的原点心墅修身修心品牌美墅之旅，品牌创建初衷并不是住宿，而是提供一种身心全然健康的生活方式——身心修行的心灵栖息之地，打造身心灵修行的空间，将爱、美与艺术融于一体，给予生活以滋养的心灵归宿与温暖的身心灵成长旅居空间。

其定位就是身心修行的主题文化，所以原点心墅选址于国家 4A 级景区七星公园临江沿岸，置于山水之间，与七星公园内的花桥隔江相望，以元宝山与栖霞寺为屏，风景秀丽。原点心墅周边交通便利，真正的闹中取静，距市中心东西巷美食文化街约 1 千米，周围景点、美食街、公交站、娱乐场所等配套设施齐全，附近有公交车直达火车站、汽车站及周边繁华商圈，为客人提供既便捷又安静空灵的禅修居住环境。

原点心墅周边旅游资源丰富、种类多样。自然旅游资源主要包括象鼻山、两江四湖环城水系、叠彩山、伏波山及桂林动物园等；人文旅游资源则以靖江王府、东西巷历史商业街区、逍遥楼、七星公园的栖霞寺、桂海碑林、三将军及八百壮士墓等历史遗迹为代表。优越的地理位置、优美的自然环境、优质的旅游资源及原点心墅自身的文化属性具有极大的吸引力、满足客人身心健康需求的核心竞争力。

　　定位不仅从选址开始，设计也是重要的环节，软性的文化融合与硬件的装修浑然一体才是田丽媛想要的，才能成为一个真正有灵魂的作品。田丽媛以禅意素简、宁静禅修的风格为主，外观与室内整体采用干净素雅的黑白咖风格。她从空间感、体验感入手，从人的眼、耳、鼻、舌、身、意与色、声、香、味、触、法入手，将身心灵健康文化、自身成长探索及感悟融入品牌文化。

　　禅意山水庭院，一楼主要为接待大厅与庭院等公共区域。其中，接待大厅约200平方米，80%空间为公共区域，除前台与厨房外，还设有祈愿室、禅修室、书吧等休闲艺术空间；外观以黑白色调为主，在用材上讲究"天人合一"，一草一木都有名字和寓意，庭院偏日系，建筑材料以木、石、竹等为主。院落地面铺有洗米石与青石板路，外墙四周花草树木环抱，后院假山池水长流，通过虚实结合，移步换景，于有限的空间内获取无限的意境，给客人一种静谧舒适与宁静淡然之美感。

　　一楼大厅的深处，为开放式餐厅，主要为客人及员工提供早餐，以素食、营养早餐为主。餐具与菜肴相配，精致美味。食材大多来源于自然农法的农场，改良了桂林米粉、灌阳油茶、素食养生餐等特色菜品，客人也可以提前预订私人定制的养生大餐。

　　公共区域布局，私人空间较多，客人可根据个人的需要选择室外或室内。室内一楼有成长书屋、身心灵课堂、心灵书信、灵性祈愿、健康理疗、无限DIY体验等活动室供客人修身养性、学习放松等，还有开放式餐吧、江景大平台、儿童游乐花园、茶室，户外有秋千、花园休闲椅等公共休憩设施。

　　二楼至三楼为客房及露台。客房也围绕禅修主题,主要包括原墅、月墅、光墅、和墅、海墅、星墅、宇墅等,采用自然元素命名与人体七个脉轮能量相呼应,房间有能量测试指南以及健康指导方案。三楼有露天咖啡台、露天聚会空间供客人观景创作、品茶阅读、企业团建包栋等,满足客人休闲、娱乐、餐饮、学习、写生、聚会等多层次复合化的住宿需求。民宿的整体设计都是与禅修和民宿主题相呼应的原创设计,最终打造成具有禅意风格的心灵栖息之所。

　　客房内部以舒适的体验感为主,呵护心灵和细腻的感受是其主要的追求,原点心墅设计的每间客房均采光优越、空间宽敞,有榻榻米家庭房、花园双人房、江景大床房、复式亲子房等。客房内部配备高端家用设备,如智能马桶、智能垃圾桶、智能触摸开关、中央空调、调光浴室镜、纯天然植物助眠精油等。室内家具设施健康舒适,配有纯天然进口乳胶床垫与乳胶枕、黑胡桃定制实木家具等。携程网客房平日单价在680元至2 500元不等,偏中高档消费,1 000元以上的套餐主要包括客房+瑜伽+禅舞等休闲体验活动内容,为客人提供天然纯净、智能便捷、高端私密的住宿体验。

　　服务也是原点心墅的特色,其文化渗透和融入服务中。原点心墅的美宿人才齐全,主人和管家多才多艺,提供瑜伽、禅舞、心灵冥想等服务,尤其是管家管管对各种业务都很精通。在民宿经营管理中,管管扮演民宿主的角色,既对民宿主人及民宿文化十分了解,又能熟练地策划文案、网络运营及销售等,还会烹饪美食,而且有多项文艺才能。

　　为了满足不同客人的需求,原点心墅以"管家"一站式服务为特色。除了免费停车、免费无线网、接机、接站、叫车、多语种等服务,前台还提供行李寄存、叫醒服务、儿童看护、旅游票务、专职行李员、保险柜、传真、复印、免费旅游交通地图等服务。另外,原点心墅还有养生足浴、足疗、餐饮、送餐、徒步旅游、车辆租借等个性化服务。

由于独栋别墅的高端与独特的私密性,包栋特色服务是一大亮点,以提供定制企业团建拓展、游学课程等活动为主。室内体验活动主要为定期举办瑜伽、禅舞、身心灵冥想、禅修、音钵等课程及花道、茶道、香道、古筝、古琴等休闲娱乐体验活动,让疲惫的身心得到彻底放松和疗愈,找回生命本源的宁静、健康、活力与使命。户外体验活动有"禅心之旅""山水游学"等主题线路,路程涵盖桂林市区及阳朔周边精品景点等。疫情期间,原点心墅设计开发了全国高级禅舞导师游学、桂林山水艺术书画写生游学、以艺换宿体验、旅游住宿套餐预售、全国初级禅舞游学等丰富的旅游体验项目。丰富的体验活动不仅给客人提供家一般的心灵栖息场所,还给客人提供高品质的文化休闲体验,这也成为原点心墅差异化的核心竞争力,获得了良好的口碑以及较大的市场份额。

由于差异化的文化属性,因此原点心墅在客人的喜欢和传播方面具有显著优势,在营销渠道上,原点心墅以线上和线下相结合为主。线上营销渠道以OTA平台及微信公众号为主,其中OTA平台包括携程、艺龙、飞猪、Booking缤客、Agoda等,截至2021年3月,原点心墅的评分在携程网为4.9分、艺龙网为4.9分(满分5分),Booking缤客为9.7分、Agoda为9.8分(满分10分),整体评分较高。原点心墅的微信公众号功能齐全,设有订房、导航、品牌文化及文娱活动展示等区域。线下营销渠道主要有旅行社、老客户口碑营销等,而口碑营销也逐渐成为其重要的营销渠道。疫情前,原点心墅的入住率较高,基本需要提前2个月预订才有房,2019年入住率约85%。

目前,原点心墅的客源群体主要为追求品质的高端人士,这让其市场与普通民宿市场区别开来,以自身独特的精神价值符号和高端的定位吸引着特定的细分市场,吸引着对精神品质有较高追求的群体。

原点心墅永葆初心,做自己喜欢的、擅长的,一如既往地分享爱与美好的禅修生活方式,未来也将重点打造具有文化特色的民宿品牌,如禅舞全国高级班、身心灵成长课程、山水艺术写生课程等。多元化的营销模式、系统化的服务方式、专业化的管理制度为民宿产业的健康持续发展提供了基础和保障。原点心墅成为一种文化、精神、灵魂的载体和价值符合。

用很多学员的话来说,原点心墅造福了这方人民,尤其是对当地的职业女性来说,很多时候原点心墅是她们身心休息的港湾,只要感到困惑或疲惫时,她们都会来这里禅修。原点心墅每周定期有不同的公益课程,如每周二的家庭教育、每周四的固定禅舞共修、每周日的早课能量唤醒,还有不定期的禅修、禅养课程、山水游学、户外供舞等等。这些课程对近水楼台先得月的桂林人来说无疑是一个优势,很多外地客人来到原点心墅,都非常羡慕桂林人有这些优势,都期待原点心墅能够开到她们的城市,也能够造福她们以及她们的城市,这样的感叹和认可也给了田丽媛等人非常大的动力和信心。对桂林本地的学员来说,她们也会回来当志愿者,她们喜欢这个精神家园,她们在这里传播爱、把自己得到的心灵成长和爱的能量传递给更多的学员,还有很多学员介绍自己的姐妹、闺蜜、妯娌、朋友都来参加禅修课程,让自己的情绪越来越稳定,同时使家庭中,甚至家族中的氛围也越来越好了。

很多学员也会在这里包下整栋别墅,和家族成员一起过节,或者在这里举行生日聚会活动。她们喜欢把这样舒适的空间分享给自己的好朋友、家人及爱人,感恩自己有幸遇到这个私藏在山水中的静谧一隅,并且在这里结识了很多有精神追求的志同道合的朋友。她们将这份感恩之情不断地分享和传播,去帮助更多的人获得身心灵全然的健康。

(三)疫情对民宿产业的影响及思考

然而,天有不测风云,2020年突如其来的新冠疫情让全国人民的出行都遇到了困难。疫情的突然到来,订单陆续被退,田丽媛等人突然感觉被一种强大的寂静吞没。

庆幸的是,桂林先天的气候环境一直相对安全,她们在线上直播,坚持传播这份内心安定的力量,在桂林本地,原点心墅也陆续开办了线下课程,疫情期间,她们的禅养课程也得到了进一步深化。原点心墅的禅修生活体系,包括身心调理课程、整体自然疗法的能量禅养,都在不断地根据客人的需求升级。

四、竹窗溪语禅艺度假酒店

十里画廊,阳朔,广西,中国。

（一）民宿简介

竹窗溪语禅艺度假酒店(以下简称"竹窗溪语")位于桂林山水甲天下的阳朔山水甲桂林的阳朔的核心景区十里画廊(国家级旅游度假区)。竹窗溪语独据小村一隅,开窗是遇龙河畔,推门有田园山色,晨辉晚霞,蛙声鸟鸣,翠竹白鹭,空灵深远。酒店阳台或日出或晚霞或烟雨或蓝天白云之际拍摄出的画面都为惊人之作,被评为阳朔最佳摄影地之一。

竹窗溪语共有35间观景房,全部面朝遇龙河与田园景观。室内有田园风光观光电梯、中西式田园餐厅、顶楼全景观茶书院(会议室)、360度景观私家庭院、素食烘焙房。室外庭院幽静,有停车场、泳池。竹窗溪语配备有高质量环保全竹家具、精梳床品、檀香环保洗漱用品。

所获奖项:中国十佳民宿游学基地、中国文化酒店最佳民宿奖、最具自然景观地标型酒店、桂林十大金宿级民宿、阳朔十大优质民宿、阳朔最佳摄影地之一、中国国家画院写生基地。

（二）民宿特色

1.深度发掘民宿特色,创新文化定位

竹窗溪语是"山水禅生活"的首倡者,提出以生活禅的智慧打造疗愈度假的生活方式。其主张将衣、食、住、行、修融入疗愈度假理念,拥有唤醒身心和疗愈的自然环境,提供专业的健康生活资讯、疗法、课程和活动,让客人在放松享受的同时,获得持续健康的生活方式。竹窗溪语推出一系列"山水禅生活"独家游学旅游产品策划,全年承接高端私旅、团建、游学定制,在自然中释放身心、感悟生活的智慧。

山水禅生活疗愈:瑜伽、禅舞、正念禅修、自然疗愈、冥想、芳疗、茶修、花道。

山水户外探索:徒步登山、溯溪探洞、山水骑行。

自然生活体验:美学轻食、自然收集、禅绕画、口红学院、植物拓染。

竹窗溪语每年接待山水文化游学、私旅定制等特色文化、健康研学超过 50 批次。竹窗溪语打造的山水文化民宿,成为桂林文化民宿酒店的标杆。

2.回归服务业本质,落实亲情化、个性化服务

无论如何,民宿经营的本质是服务,经营对象是来自五湖四海的客人,每个客人都有不同的习惯和需求,能为客人提供即时、灵活、体贴的服务才是服务业的生存之本。个性化服务是针对独特个体的具有鲜明的灵活性、针对性、突发性、差异性的服务,也是满足不同客人合理的个别需求,提供即时、灵活、体贴入微的服务,一般不再额外收取费用。竹窗溪语以增加艾草足浴、晨练八段锦、瑜伽、音波声疗、冥想课程等健康养疗类高附加值服务,持续打造品牌特色。

为了更好地回归服务业本质,落实亲情化、个性化服务,竹窗溪语在管理上也制建立了相应的激励机制,充分激发员工的主观能动性,关心和支持员工,充分信任,充分授权,让员工在拥有更多决策权的同时承担更大的责任,成为责权统一的主体。

3.重视自有流量池,大力开发私域流量客户

竹窗溪语一直非常重视除 OTA 之外的渠道开发,使用合适的工具,重视酒店自有流量的培育,建立客人与酒店之间的信任关系,邀请老客户帮忙宣传入住的感受,从而打消新客户的顾虑。自有流量池不仅指会员系统里的会员,更多的是员工朋友圈里的朋友/客户、已经体验过民宿产品的客人等。

竹窗溪语运营团队利用疫情期间人们对乡村美好生活的向往,连续创作阳

朔中国最美乡村系列抖音视频发布,仅一周就获得超过 1 970 万的流量、超 80 多万次的点赞,竹窗溪语的品牌知名度获得有效的传播。

竹窗溪语以桂林高校的大学教师为核心,创建了大学毕业生+在校实习生+当地村民三方组成的运营团队。高校大学生参与民宿经营管理,促进了当地村民思维方式的转变,提高了当地村民的旅游服务水平,改变了当地村民陈旧的思想观念。年轻人的互联网技术的应用,创新了民宿的网络营销方式,主要形成了以下几种文化理念:

①企业文化——"家"文化设计;

②设计家——有温度的设计、创造价值;

③服务家——亲情化、个性化陪伴服务修炼;

④生活家——生活态度+生活方式+生活智慧;

⑤梦想家——让家人(股东、员工、客户)都能实现自己的梦想;

⑥主人家——让员工做企业真正的主人。

4.竹窗溪语的社会价值

(1)乡村人才振兴的小微示范作用

竹窗溪语创建了桂林高校乡村振兴+文旅产业、产学研实践四维一体的示范基地。竹窗溪语积极举办文旅人才、乡村振兴人才、旅游技能培训班,并在当地培训了多名优秀管理人才参与民宿经营管理。竹窗溪语直面乡村民宿行业人才问题,先后在桂林理工大学博文管理学院、广西师范大学漓江学院、桂林旅游学院等设立实践教学基地,几年内为乡村民宿培养输送高素质大学生人才达60多人。竹窗溪语是全国民宿中第一个"两新"组织党支部,并且大学生党员有 7 人,挂牌民宿协会、知联会、摄影协会基地等新社会组织 5 个。竹窗溪语积极发挥党组织在民宿产业中的政治核心和引领作用,搭建校企合作平台,打造民宿与文旅产业创新创业基地、乡村振兴校外实践教育基地,为旅游住宿业提档升级提供有力的人才支持和智力支撑。年轻有活力的高校毕业生留在乡村并带来了新的理念、传播了新的生活方式,对乡村文化、艺术审美、生活方式、文明传播等起到了示范效应、提升作用,促进了乡村文化的嬗变和振兴。

（2）激活在地产业振兴

竹窗溪语与当地及周边农户、专业合作社等洽谈合作,以实施"农业+"的方式打造乡村农业体验区,积极引导游客到体验区采摘、休闲、娱乐。竹窗溪语通过与周边农业产业形成联动,刺激当地农业产业发展达到农旅综合开发效能,促进周边区域特有的柚子、百香果、竹笋等农副产品的生产与销售,同步带动群众脱贫致富。鸡窝渡村全村共 163 户 602 人,从事竹排漂流、民宿、农家乐、特色小吃、租车等行业的旅游从业人员达 300 余人,旅游业已成为村民的主要收入来源,村民的幸福感、获得感日益增强。

（3）激活文化,振兴新功能

鸡窝渡村民宿重视对当地丰富的民俗文化的合理开发,让人们记住乡愁,同时更重视对山水文化的深度挖掘和服务展示,尤其是竹窗溪语以禅的智慧打造疗愈度假的"山水禅生活"度假方式,提供专业的健康生活资讯、疗法、课程和活动,吸引越来越多的人回归乡村、回归山水自然。村民也通过竹窗溪语运营团队的影响和示范作用,消除了隔阂,增进了理解、支持和参与,成功地举办了村民学太极、八段锦等活动。

（三）疫情对民宿产业的影响及思考

2020 年初,疫情肆虐、街巷冷清。这是"宅"年,我们难得地慢下来、沉静下来。这是"难"年,我们久违地冷下来,思考起来。相比其他行业,旅游产业及民宿产业受到的影响更大,因为民宿产业是一个需求弹性更敏感的行业。民宿产业是一个可选消费项目,是大家在满足了基本的生活需求之后的服务延伸与扩展。2020 年,大家的目标就是生存,而旅游并非人们的必需品。2020 年是民宿产业艰难生存的一年。

1.2020 年新冠疫情对竹窗溪语的影响

疫情期间,竹窗溪语团队滞留在酒店的小伙伴一共有 7 人,短短休假 1 周后,大家就迅速成立了新媒体营销小组。他们每天 8~10 小时学习酒店管理、财务管理、服务营销等大量在线网络课程,开启了新媒体营销的尝试。

这次疫情给了民宿从业者一次冷静思考的机会,当民宿不再是一个单纯住宿的地方时,这些经营逻辑和商业模式都需要大家认真思考,求新求变。竹窗溪语在 2020 年正式恢复营业后,不仅五一假期连续 5 天满房,而且整个 4 月的入住率超过 60%,仅差 12 间就达到 2019 年同期的入住水平。2020 年 1—12 月,入住间数为 6 642 间,入住率达到 57.51%(2020 年入住率按照 11 个月计算),平均房价是 718.76 元,与 2019 年同期平均房价 773.76 元相比减少 55 元,入住率与 2019 年同期 56.62% 相比增加 0.89%。从财务数据可知,竹窗溪语在疫情期间的入住率不降反升。

2020 年 1 月 26 日—3 月 31 日,竹窗溪语停业,在停业期间竹窗溪语迅速调整产品策略,推出七天疗愈减压、三天两夜睡眠营套餐,通过进一步细化目标客户群体,对自身产品、服务、文化等进行新的定位,确保抓取市场的精准度,取得快人一步的复苏。

2.疫情后民宿产业发展思考

(1)疫情是对民宿产业的优胜劣汰

这次疫情暴露出民宿产业的很多问题。一方面,很多民宿投资人在投资民宿前缺乏经验,民宿没有特色、没有稳定的经营团队,造成投资过大,盈利能力不足。另一方面,民宿本身缺乏竞争力,这类民宿很容易被淘汰。另外一些民宿还是早期的 1.0 或 2.0 版本,本身产品硬件就已经落后,面临被淘汰的危机,这轮疫情会加快其被淘汰的速度。一些差异化经营明显,有特色、服务口碑好、盈利能力强的民宿,会在这轮疫情后生存下来,抓住新的发展机遇。

(2)疫情后民宿产业的机遇

每次灾难都会带来对时代的反思,也会倒逼经济现象和商业模式的迭代,这次疫情也不例外。笔者认为,疫情过后,民宿产业和乡村资源结合的一些新业态、新经济现象或将迎风而起。一方面必然迎来人们对山水暖阳的向往;另一方面,人员密集的扎堆式旅游会逐渐冷落。未来,小山小水、分散式的非标旅游产品、分散式的小团体活动、精品休闲旅居场景将更受游客青睐。在疫情的催化下,市场细分一定会加速到来。同时,旅游行业也会催生更多垂直的运管公司,如减压疗愈度假、亲子营地、自然教育、乡居、房车等。

（3）民宿产业的未来信心

疫情对人们生产生活的影响是深刻的,但是危中有机,有句老话"福兮祸之所伏,祸兮福之所倚"。疫情期间,困在都市的人们都无比怀念乡村的院子、田园的生活方式,因为乡村空间广阔,空气流通性好,且能满足粮、油、果、蔬、肉、蛋的基本生活需求,还能实现琴、棋、书、画、诗、酒、花、茶的情怀,所以,未来乡村度假民宿的发展机遇还是很大的。

3.疫情后广西文旅产业面临的挑战和机遇

（1）广西文旅企业亟待转型升级

经过这次疫情,前期资金投入高、人力成本大的企业损失最大,这类企业在疫情中本身回收能力有限,暴露出抗风险能力弱的特点。广西文旅投资企业普遍注重资本投入、轻定位和营销的经营劣势在危机面前更加突出。疫情过后,这类企业应该考虑如何把现有的资源充分盘活,建立稳定的营销体系。

广西文旅融合产业模式相对较新,文创与旅游融合程度相对偏低,欠缺对旅游资源的全产业链整合,企业大多各自为战。对疫情前靠运营取胜的中小企业或私营民宿而言,真正的经营管理也大多处于"亚健康"状态。疫情过后,文旅投资企业不仅需要继续对文旅市场保有信心,也需要紧跟文旅运营前沿思维,增强抗风险能力。

疫情后,迎来的将是人们对山水暖阳的向往,但基于疫情中对生活卫生习惯性预防的延续,市场需求大概率会以分散式的休闲旅居场景为主,人员密集型的团队观光旅游产品难以成为热潮,注重用户体验的精品文旅产品将成为消费者的首选。

疫情后,广西文旅目的地应优先为生态保健旅游、康养度假旅游做准备;大型文旅企业可以与大健康领域的领先机构合作,密切关注并深入研究该领域的投资、融资或合作机会。如何充分挖掘文旅业中企业存量的潜能,布局广西全产业链的健康文旅建设,促进文旅产业从浅层观光到深度体验、文化养生、体育文化医学结合等"健康+旅游"的转型升级,对广西文旅市场活力的恢复至关重要。

(2)桂林市区位特点凸显角色担当

桂林是国际旅游名城、国家历史文化名城、生态山水名城,文化、旅游、生态融合发展既是大趋势,也是桂林的大优势。

疫情会提振部分旅游产品的市场需求,其中包括康养旅游,对旅游目的地而言,争取更多的"候鸟式"游客,不能止步于好山好水,更需要营造一个周全的生活空间。

五、格格树饭店

遇龙河畔矮山门村,阳朔,广西,中国。

(一)民宿简介

格格树饭店坐落于阳朔骥马古村遇龙河景区——阳朔镇矮山门村。格格树饭店由一对荷兰夫妇成立于2007年。格格树饭店保留着桂北民居的风格,土砖青瓦,红灯笼,别具一格,还用蓝色调作为点缀,让民宿的颜色十分柔和,和土砖的褐色搭配得恰到好处。格格树饭店在保留旧民居的同时,也向游客传递当地特色和中国文化。饭店东有庭院,西有泳池,使到这里来的游客感到休闲、惬意。2017年,这对荷兰夫妇将格格树饭店转手给了阳朔民宿达人陈荣华。格格树饭店的服务宗旨:热情好客,微笑服务,让客人喜出望外,让客人有宾至如归的感觉。格格树饭店共有二十余间房,有茶道体验、太极体验和书法体验等,通过这样的体验,客人特别是外国客人能感受到优秀的中华文化,这样的传承和交流,使客人的旅行有别样的体验。接手人陈荣华在2019年底新建了太极楼,太极楼里有茶室和书法桌。格格树饭店一直在潜移默化地弘扬和传播着优秀的中华文化。

(二)民宿特色

格格树饭店总经理陈荣华认为,他的民宿最大的特色有两个。

第一个特色是提供深度体验中国特有民情风俗的空间和平台。从导游的工作经历中得知,外国客人很注重体验感,特别是有关在地文化方面的,于是陈荣华总会安排一些能让外国客人深度游玩的活动,比如,去赶圩了解当地人的生活,去参观古朴的老村子并在赶圩时买菜去孤寡老人家里做饭吃。由此,外国客人有了深度游的特别体验感,也帮助了部分孤寡老人,并带给了他们快乐。

陈荣华还特地在第二家店"红楼梦"的一楼,开了一间教室,教外国客人炒菜,让外国客人感受中国的美食文化。"红楼梦"一直是国际网红店,在当时全球最大的旅游信息平台(Trip Advisor)连续六年排名第一,因为其十分注重服务的细节和口碑,并且满足了客人们想要深度体验在地文化的需求,这算是格格树饭店的一个创意点。

第二个特色是开创了具备太极元素的民宿。陈荣华从小爱好武术,特别是近几年,在师父陈中华的悉心教导下,他对太极文化有了更深刻的认识。为此,他让员工们学习太极拳,还常常分享课程给住店客人,让客人练习太极拳。在这里,外国客人既可以感受到旅游的乐趣、居住的舒适,也可以通过练习太极拳舒缓疲劳的身心,还可以了解我国博大精深的太极文化,从而对中国有更加深刻的了解。尤其是对那些来深度学习中国风土人情的外国学生来说,这种全方位的体验十分重要。

(三)疫情对民宿的影响及思考

疫情后,面对乡村民宿的机遇,陈荣华对民宿营销、民宿特色的打造、民宿人才培养等方面都有自己的思考。

陈荣华认为,要从三个方面做好营销:第一,最重要的是做好自己的口碑,做好服务,也要运营好 OTA 平台,提升饭店在 OTA 平台上的排名,做好新媒体宣传,争取流量更大化,提高曝光率等。第二,抓住铁粉,也就是抓住回头客。抖音引流也好,直播引流也罢,一定要紧紧抓住亲自体验过民宿的客人,这部分客人才是实打实的口碑。客人享受过用心的服务,他们可能会再来,甚至会推荐其他人来。第三,与时俱进,利用好新媒体。2022 年以来,陈荣华除做抖音和视频号外,还做企业号,同时对员工进行培训,建立了员工矩阵。他从店长和管家抓起,让每一位员工都有一个新媒体号,大家一起参与进来。对员工来说,开一个号经营好了对公司可以起到助力作用,之后也可以自用,实现创收,可谓一举两得。

疫情期间很多民宿都倒闭了,但是格格树饭店却还能屹立不倒,陈荣华认为,是因为中国文化——太极文化元素在饭店人力资源的管理体系中发挥了重要作用。之前最早推广的"太极进企业"的那些员工都很团结,能互相包容,一起积极上进,以至于后来在其管理的民宿中打造了一个太极文化元素的店。在他看来,学习太极文化使员工的融洽度更高,凝聚力更强。

民宿业是近几年的新型产业,也是可持续发展的产业,乡村振兴最后的宗旨应该是造福老百姓,可以说开乡村民宿就是其中的一部分。在助力乡村振兴方面,民宿为在地文化做了提升、宣传,体现了多样化,也为当地就业做出了贡献。

疫情之后,关于民宿的发展,陈荣华认为第一是缺人才,要把服务和营销做更好,更好地助力乡村振兴,还需要高端人才加入到民宿业的发展中来。

乡村民宿如何引进高端人才?陈荣华认为,政府应当给予留在当地或者留在乡村从事有关乡村振兴职业的相关人员更多的政策倾斜和鼓励。比如,很多人在北京、上海、广州、深圳工作,相对来说,工资比在老家更可观,那么政府在处理回老家工作和在北京、上海、广州、深圳工作之间的待遇差别时,需要提供一个更好的平台进行调节。另外,政府可以提供更多创业就业的机会、机遇,让更多的人愿意回来、有机会回来。而对于当地引进高端人才的企业,政府应给予这些企业适当的经济政策支持,形成企业愿意给予高端人才好的待遇的良性循环。

六、桂花树下度假酒店

秀峰区桃花江畔,桂林,广西,中国。

(一)民宿简介

桂花树下度假酒店位于桂花公社景区内,毗邻两江四湖的桃花江,距桂林火车站驾车约 11 分钟,距象鼻山约 17 分钟,距日月双塔约 12 分钟,距东西巷和象鼻山都不远,周边有大型购物商场——华润万象城。桂花树下度假酒店是整体设计以挖掘桂林本土桂花文化、打造城市微度假为主题的园林式度假酒店。桂花树下度假酒店既具有桂花文化的传统气息,又集合了年轻、时尚、便捷、商务等现代元素。桂花树下度假酒店的设计意图就是本土化、便捷化和国际化,设计了 50 多间房,打造了 13 种房型,能满足不同消费群体的文化消费心理。桂花树下度假酒店不仅拥有舒适的居住环境,还具备齐全的配套设施,拥有完备的公共体系。入住桂花树下度假酒店的客人可以享受到动静皆宜、相得益彰的功能区,比如享受悠闲的下午茶时光、品尝桂花系列的点心等。客人根据实际需求,还可以在包厢里进行家庭聚餐,举办生日聚会、闺蜜聚会等,享受烧烤的烟火气息,进行摄影留念等。桂花树下度假酒店还有更多的惊喜等待发掘,期待每一位客人来感受和体验。

(二)民宿特色

一是个性化的经营理念。桂林的高端酒店和民宿很多,桂花树下度假酒店的理念是什么? 个性之处体现在哪里? 桂花树下度假酒店创始人陈应福认为:"我们的理念是打造一家有温度的酒店,做成跟人家不一样的酒店。如何做到这一点? 这就要求桂花树下度假酒店的整体有特色。从设计之初,我们先后到北京、上海、广州等地考察,考察的结果更加坚定了我们的信念——要做一家有特色的酒店。最终,我们把酒店的个性表达成'淡淡的桂花香,浓浓的桂林情'。每每回忆起桂花飘香的地方,就会联想起桂花树下度假酒店散发出的悠悠桂花香。桂花香成为酒店的记忆点,能够让客人一进入酒店就能闻到淡淡的桂花香。这种桂花香是从桂花里直接提取的精油,是比较原生态的味道,没有人工添加的化学成分,给人很舒服的感觉。"

二是量身定制的个性化服务。桂花树下度假酒店量身定制的服务,具体内容指的是什么? 与"管家式服务"的区别体现在哪里? 创始人陈应福介绍:"量身定制的服务,指的是针对老人、小孩、情侣等不同客人提供个性化服务,满足不同客人的多元化需求。这与'管家式服务'不同,不是那种入门后帮脱鞋的标准化服务,桂花树下度假酒店追求的是在细微之处打动人心,给客人带来有温度的服务体验。比如,入住的客人想吃苹果,那么酒店的服务员会根据客人的需求去了解附近的苹果,把买到的苹果送到客人面前,给客人留下深刻的印象和满满的细节。"

三是交通便利的区位优势。选择在此地建造桂花树下度假酒店的原因是什么?陈应福介绍,选址要考虑很多的因素:第一,这里距机场只有22分钟的车程,距市中心不到10分钟的车程,到桂林北站只有十几分钟的车程,附近还有华润万象城等商场,能够满足客人交通、出行、购物等大部分需求。第二,酒店附近有桃花江、大公馆、刘三姐景观园等,桃花江两岸没有人工痕迹,全部是原生态的,而且,从一条步道一直到芦笛岩附近,现已成为国家四A级景区。客人能够将大自然的秀丽风景尽收眼底,体验到大自然巧夺天工的美妙景致。第三,总厂就在对面,非常方便人员的对接、洽谈商务合作等。

(三)疫情对民宿产业的影响及思考

桂花树下度假酒店在2021年开业,从土地流转到酒店建设以及酒店的开业运营,一路走来经历了很多的艰辛。陈应福说:"我们从2013年申请用地,2018年才完全落实,涉及土地审批问题。2018年,我们开始规划用地,前后花费了两年的时间进行市场定位,终于成功说服了合伙人以及股东。因为我们考察过许多高端酒店,相信人们对于美好生活的追求是不变的,人们的生活是往高品质的方向发展的。所以,我们开始建设桂花树下度假酒店时,要提供交通便利的地理位置、干净卫生的环境、规范合理的价格等。做任何事情都不会一帆风顺,总会经历一些困难。桂花公社和桂花树下度假酒店总体来说还是很顺利的。'一个好汉三个帮',桂花公社和桂花树下度假酒店一路的成功凝结着许多人的心血和汗水。"

关于桂花树下度假酒店的未来品牌定位的思考,陈应福谈道:"桂林桂花伴手礼的成功转型,让我们意识到消费者对高品质的生活的需求越来越旺盛,要满足不同层次消费群体的旅游文化消费心理。那么,文化是什么呢?我认为,生活中累积的点点滴滴也是一种文化。不同人群对文化的理解有所不同,企业有企业文化,家庭有家庭文化,国家有国家文化,等等。"

如何实现桂花文化跟产品融为一体?陈应福说道:"首先,要响应国家的号召,促进文旅融合发展的新模式,实现农业、工业、服务业的产业融合,将桂花作为十大名花的文化优势发挥出来,打造中国桂花文化 IP。这是我们的出发点,也是桂林市顺昌食品有限公司继往开来、创新发展的新起点。其次,需要物质载体承载桂花故事的发展价值,搭建起宣传桂林桂花文化的公共平台。借助桂花公社的平台优势,我们可以将桂花(树)的美好分享和传递出去。桂花公社和桂花树下度假酒店都是桂林市顺昌食品有限公司团队运营的独立品牌,桂花公社主要传播桂花文化和开发桂花文创产品,桂花树下度假酒店主要运营度假酒店,三个品牌相辅相成,共同促进中国桂花文化的发展。"

关于桂花树下度假酒店未来的目标的思考,陈应福说道:"桂花树下度假酒店从 2021 年初进入试营业状态,就不断邀请行业的专家和旅游达人体验入住,一直在收集各方面的专业性建议和建设性意见。这些体验者肯定了我们的设备设施和服务水平,增强了我们的信心。后来的市场也证明,我们努力的方向是正确的,提供的服务得到了积极的回应。桂花树下度假酒店的空调音量是14~24分贝,营造了安静的住宿环境。与此同时,这些体验者提出了很多宝贵意见,让我们一点一点地去完善,逐步达到高品质要求,实现特色化、有文化魅力的规划目标。习近平总书记视察桂林时指出桂林要打造世界级的旅游城市,而世界级的旅游城市离不开好的住宿体验,以及当地的在地文化体验。桂花公社和桂花树下度假酒店生逢其时,下一步,我们将重点围绕桂林市委、市政府打造世界级旅游城市的目标,做好自己分内的事,为桂林旅游的品质提升尽绵薄之力。同时,我们也希望未来桂花树下度假酒店在中国的度假酒店中能有一席之地,为桂林住宿品牌的百花齐放贡献一份力量。"

结合"文旅大融合,产业大发展,打造世界级旅游城市"主题,如何看待桂花树下度假酒店的发展前景?陈应福说道:"一个企业要想健康发展,必须讲诚信,讲质量,有盈利能力。我们的目标是通过全产业链开发的产品,体现自身的特色。一个新产品出来以后,我们才能够得到市场的回馈,用新产品的质量替我们代言。试营业期间很多参观者都赞叹:'小小的桂花,你们如何能做得这么惊艳,挖掘到这么多精彩的故事。'其实我想说:'桂林桂林,桂树成林。'目前我们所做的是'工业+文化+旅游'的新业态。我们可以依托桂林市的旅游平台,进一步推动桂林市顺昌食品有限公司的发展,打造桂花公社的文化品牌。未来需要越来越多的人出谋划策,包括桂花树下度假酒店在内的桂花公社才能繁荣发展。"

在乡村振兴战略背景下,关于桂花树下度假酒店的发展规划的思考,陈应福认为:"要从整体进行规划,打造成集研学、娱乐、休闲、餐饮为一体的桂花公社。桂花公社由三个部分组成,第一个是桂花文化体验馆,桂花文化体验馆是世界上首家以桂花为主题的沉浸式的文化体验馆,共有'桂香·天香云外''桂心·顺应自然''桂冠·状元吉地'等六大主题,是一个以清晰脉络全方位呈现桂花文化的实体平台。每一层楼都经过精心设计、打造,比如,DIY专场,家人朋友、学校师生都可以相约在这里亲自体验桂花糕、桂花香皂等手工制作活动。桂花文化体验馆内有甑皮岩提供的万年桂花种子,是体验馆的镇馆之宝。

"第二个是桂花树下度假酒店与桂花文化体验馆、桂花文化主题园林公园等公共平台组合,有齐全的配套设施以及量身定制的服务。入住桂花树下度假酒店的客人,可以参观游览桂花文化体验馆、桂花文化主题园林公园等,享受自助餐厅等特色项目,享有礼品赠送等多重优惠。我们用心设计自助餐厅的菜单,其中倾注了我们很多的心血,致力于推出多样的菜式和丰富的口感,比如桂花冰激凌、桂花咖啡、桂花柚子茶等特色食物。尤其是我们把这份对于食物的用心,也延续到了服务里面,为客人提供了舒适舒心的服务内容。

"第三个是桂花文化主题园林公园,桂花文化主题园林公园由百年桂花古树、天空之境、星空玻璃屋等四大主题组成,是一个综合性桂花文化博览园。比如,在天空之境中,客人可以抒发云影相随、水波激滟的兴致,享受一派闲适淡雅的悠闲生活。在星空玻璃屋里,客人既可以观赏到曼妙的夜景,又可以赏雨。

不得不提的是星空玻璃屋旁的一株 500 多岁的桂花树,它原来在平乐县,被泥石流冲倒了,我们特地将其救助回来,守护住了这棵宝贵的桂花树。"

七、龙脊·初见山舍民宿

龙脊大寨,龙胜,广西,中国。

（一）民宿简介

　　龙脊·初见山舍民宿位于龙胜县龙脊金坑梯田大寨村新寨组,靠近核心观景台金佛顶,步行即可到达一号、二号、三号观景台,是一户地道的红瑶人家。民宿建在梯田旁边,是一栋四层高的瑶族风情吊脚楼,古香古色的建筑与梯田相映成趣。民宿从设计到施工都是由民宿主人潘宝玉（潘哥）亲自操刀,楼前搭配花园庭院、观景阳台。所有房间均有观景阳台、落地窗的设计,视野开阔,前无阻挡,梯田美景毫无保留地呈现在眼前。在这里,晚饭后,你可在一楼观景阳台泡上一壶甜香的龙脊红茶,轻抚晚风,静听虫鸣;在这里,你可在房间里,或躺在床上,或倚在窗前,看龙脊的日出日落;在这里,你可放下手机,尽情地领略龙脊梯田的壮美风景!

(二)民宿特色

1.挖掘特色文化,展现民族风情

潘哥是土生土长的红瑶汉子,初见山舍是他开设的第二家民宿。从最初开设民宿,潘哥就十分注重挖掘、保护和传承地域、民族文化,举办特色节庆活动。

潘哥出生在龙脊山下的大寨村,"70后"的他目前家里已是四代同堂,上有70多岁的老父亲,下有一儿一女,女儿已结婚,是两个孩子的妈妈。女儿和女婿就在龙脊景区上班,潘哥原是大寨村党支部书记,2019年卸任之后就经营着初见山舍民宿和金佛顶的农家乐餐厅。一家人其乐融融,生活蒸蒸日上。但潘哥的成长、创业和他所在的村寨一样,经历了不少的磨难才有了今天的幸福生活。

　　20世纪90年代,潘哥跟随乡里的木工到了北京,在亚运村中华民族园打工。当得知家乡即将与旅游公司合作开发梯田景观旅游时,在北京打工的潘哥毅然回到了大寨村。他不顾家人反对,烧瓦建房,花了三年时间在山顶建起了全村第一个农家乐。2003年,大寨金坑梯田景区正式对外开放,潘哥的农家乐也在这一年开张营业,家里因此富裕起来。

　　后来,潘哥被推选为大寨村党支部书记,他开始思考如何把古老的梯田景观打造得更美。梯田景观,首要的当然是种好梯田,展示天然的农耕、丰收图景。同时,作为古老红瑶的后生一辈,潘哥深爱自己的民族文化,他希望通过举办节庆活动向世人展示灿烂的红瑶文化。2006年,在潘哥和他的团队共同努力下,首届"六月六晒衣节"成功举办,各地的摄影家慕名而来,把这里的民俗风情和龙脊梯田美景展示到了国内外。深山中的大美一时扬名天下,游客如云。

　　如今,每年的六月六,金坑红瑶同胞都要举行丰富多彩的民俗文化活动庆祝他们特有的"晒衣节"。这一天,寨子里宾客盈门,热闹异常,嫁出去的女儿和在外寨入赘的儿子都要挑着鸭子、酒和礼品,背着小孩回家吃团圆饭,家家户户包粽子过大节。红瑶姑娘和嫂们纷纷推开窗户,拿出民族盛装一件件挂在窗外晾晒,整个寨子挂满了红衣服,格外鲜艳夺目。"晒衣节"当天还会进行唢呐锣鼓迎宾、瑶嫂长发梳妆展示、"抬金狗"送祝福、红瑶服饰加工展示、红瑶集体婚礼等活动,丰富多彩的民俗文化、浓郁的民族风情,让游客流连忘返。2014年,龙胜瑶族服饰(红瑶服饰)以其精湛的手工艺和文化底蕴入选国家级非物质文化遗产代表性项目名录扩展项目名录。如今的"晒衣节"不仅是红瑶的传统佳节,"农历六月六,广西龙脊看红衣"等"晒衣节"系列活动也成为桂林山水游的一张名片,让各地游客充分感受多姿多彩的民族风情。

　　潘哥的初见山舍民宿也是展示红瑶文化的场所,不仅"晒衣节"当天屋外红色瑶衣招展,日常生活中也同样在演绎着红瑶文化,纺纱、绣花时常可见,还免费提供美丽的红瑶衣裙给客人试穿,有时还邀请客人到厨房和他们一起打油茶,让客人沉浸式体验红瑶风情。

2.推出家乡美食,销售龙脊特产

"冬种油菜春种粮,梯田四季不丢荒。春夏秋冬景皆美,文旅融合获双赢。"潘哥在旅游淡季,与家人、乡亲们到收割了稻谷的梯田上,撒下油菜种时在朋友圈里用打油诗真实地记录和抒发自己的感情。与家乡同成长、共命运的潘哥对家乡充满了热爱和感恩,大自然馈赠的资源和新时代脱贫攻坚、乡村振兴政策让潘哥和乡亲们有了天下最美的梯田曲线,乡村旅游开发让大寨村脱贫致富,这种巨大的变化让潘哥相信绿水青山就是金山银山,潘哥珍惜拥有的这些宝贵资源,并且积极思考如何充分利用好这些资源。

潘哥设在民宿一楼的餐厅——金梦园餐厅,就为四方游客提供在梯田上种植出来的粮食、蔬菜、瓜果。春夏秋冬,来此的客人都能吃到时令蔬菜和富硒米,一年四季,都能喝到龙脊红茶和甜米酒。

潘哥除了有金梦园餐厅,还成立了"金梦园农业开发专业合作社",为龙脊生产的各种农业产品、农副产品搭建起一个对外销售的平台。

(三)疫情对民宿产业的影响及思考

随着疫情应对政策的逐步调整,旅游市场逐渐回暖,旅游的开发带动了生态农业,村民们纷纷养猪、养鸡鸭、种罗汉果。如今的大寨村,已是共同致富的示范村,国内许多有意开发旅游的村庄来这里学习、交流。潘哥的民宿也将会因龙脊旅游业的发展而发展,他对未来充满信心,除继续经营好初见山舍外,潘哥还打算做好两件事:一是把"金梦园农业开发专业合作社"做大,为龙脊的生态农业产品销售开辟更宽阔的路子。二是在传承文化上做文章,成立村史馆,展示大寨村从贫穷落后到脱贫致富奔小康的奋进历程,把初见山舍的负一层打造成红瑶文化展示馆兼会议室,为前来交流学习的团队提供一个优质的平台。

第二节　特色民宿人才培养案例

在全面实施乡村振兴战略的时代背景下,旅游扶智作为推动乡村振兴的一种有效途径,受到政府、产业界和高校的广泛关注。乡村振兴首先是人才振兴,结合爱彼迎桂林龙胜乡村旅游扶贫项目,以分享经济理念为指导,充分发挥高校服务社会的职能,针对乡村民宿经营者面临的理念、知识和专业技能缺失,桂林市提出"三位一体"旅游扶智赋能乡村振兴模式,并提出要解决的关键问题和对策,为构建全民终身学习社会提供有效助力。

2020 年,我国的脱贫攻坚取得全面胜利,巩固脱贫攻坚成果、缓解相对贫困问题、促进乡村振兴发展成为核心任务。习近平总书记指出,乡村振兴,人才是关键。需要对欠发达地区实施更高水平的"精准扶智",基于共享理念的教育赋能是教育公平的区域化体现。本节以获得 2019 世界旅游联盟旅游减贫案例爱彼迎桂林龙胜乡村旅游扶贫项目为例,通过发挥旅游高等院校的专业和智力优势,对乡村社区进行"三位一体"旅游扶智赋能,探索旅游扶智的新路径。

一、背景

(一)政策背景和研究综述

2018 年 2 月 12 日,习近平总书记在打好精准脱贫攻坚战座谈会上强调,要加强扶贫同扶志、扶智相结合,激发贫困群众积极性和主动性,激励和引导他们靠自己的努力改变命运。2020 年,我国已经实现现行标准下农村贫困人口全部脱贫,也标志着我国开始进入相对贫困阶段(刘愿理等,2020)。关于旅游扶贫扶智,学术界也做了很多探讨。李永文等指出,旅游扶贫作为新兴的扶贫方式,是在旅游资源条件较好的贫困地区通过扶持旅游发展带动地区经济发展,进而脱贫致富的一种区域经济发展模式。刘玉凤对智力扶贫进行了研究,指出智力扶贫是贫困地区群众彻底脱贫的重要推手,要加强旅游规划和旅游咨询等指导,提供智力支持,加强旅游技能培训,提高贫困地区群众综合素质,推动人才发展与旅游扶贫深度融合。蒋涣洲认为要加强旅游专业人才培养,为乡村旅游扶贫开发提供强有力的人才支撑,建立常态化、多层次、多内容的在职旅游人才培训机制,提高从业人员的服务技能。乡村旅游开发的整体减贫效应明显,旅游促进减贫已成为国际共识。

党的十九大报告将共享经济作为经济的新增长点。共享经济主要是指利用网络信息技术,通过平台将分散资源进行优化配置,提高利用效率的新型经济形态。共享经济有促进扶贫主体多元化、降低信息的不对称性、通过释放闲置资源价值促进资源使用效率提高、促进扶贫方式多元化等作用。马亮以南通发展模式论证了共享发展模式能够成为实现乡村振兴战略的重要抓手;张尔升以海南大力推进共享农庄建设为例,证明共享经济有利于实现乡村振兴战略。

(二)爱彼迎桂林龙胜乡村旅游扶贫项目背景

2017年底,世界最大的分享住宿企业爱彼迎与桂林旅游发展委员会,在桂林市龙胜各族自治县龙脊镇金江村江边组合作开展旅游扶贫项目。

江边组位于国家四A级景区龙脊梯田景区范围内,紧临龙脊景区交通主干道。2018年4月19日,龙脊梯田荣获"全球重要农业文化遗产"称号。江边组为壮族村寨,共38户、168人(其中2016年贫困户11户、43人),27栋房屋。2016年,江边组人均年收入4 600元,远低于核心景点所在村寨(人均7 800元)。

该扶贫模式由爱彼迎整合民宿设计、改造、培训、运营资源,出资改造两栋当地传统民居,并按"主客共享模式"移交当地社区合作社进行运营管理。整个项目主要分为三个环节,一是重资产的硬件设计、改造环节,重点解决当地社区启动资金不足的问题;二是软性的扶智环节,重点通过引入桂林旅游学院等高校资源,编写《乡村民宿经营指南》《现代乡村民宿经营与管理实务》,填补了乡村民宿领域缺乏专业教材的空白,并进行专业技能培训,解决社区原住民缺乏民宿经营相关理念、知识、技能的问题;三是运营环节,通过引入专业团队做示范性经营,并利用爱彼迎平台为项目持续导入客流,解决项目可持续发展的问题。笔者作为该项目的主要成员,主持了第二个环节,即项目指南、教材编写和专业技能培训工作。目前,该项目已于 2018 年 11 月 6 日在桂林龙脊做了全球发布,进入日常运营阶段。运营以来,该项目扶贫成效显著,被评为 2019 世界旅游联盟旅游减贫案例。

二、主要问题

　　旅游扶智的关键,在于充分发挥高校教育、教学和专业优势,找到乡村社区在旅游开发过程中需要帮扶的重点和痛点。该项目系统调查了江边组全体 38 户村民,发放了问卷 105 份,深度访谈 15 户。根据调查,江边组 60% 的村民家里有年均居住时间小于 180 天的空余房间,其中 24% 的村民家中有 3 间以上的空余房间,高达 71% 的村民除农业生产和家务劳动外,拥有大量的空余时间,其中,21% 的村民认为自己"十分空闲,有很多空余时间",客观上具备发展共享民宿的良好条件。但资源优势并没有转化成产业优势,经过调查,结合学者们的前期研究,我们发现乡村民宿经营者主要存在以下主要问题。

(一)发展环境方面的问题

　　江边组村寨中有沿山层叠而上的梯田、原生态的自然环境、古老而保存完好的传统干栏式建筑,周边优质旅游资源密集。但是,金江村江边组在地理条件方面存在以下三个困难:一是农耕条件恶劣,耕地面积少,人均耕地仅 1.5 亩,耕地坡度大、土壤贫瘠;二是特色资源挖掘不足,百香果、罗汉果、龙脊辣椒等特色农产品仍以小户经营和常规销售为主,2016 年,江边组种植百香果 50 亩、罗汉果36亩、龙脊辣椒8亩,利润少、收入低;三是人口素质低,青壮年流失严重,江边组约90%的青壮年均在外地打工,留守老人居多,传统文化和民族习惯没有得到传承,丧失严重。

(二)社区村民自身的问题

1.民宿经营知识的缺乏

乡村民宿经营涉及民宿设计、装修、改造、推广、运营等多个环节,涵盖住宿、餐饮、农副产品销售、旅游线路开发等多种经营业态,以推广为例,还包括线上推广和线下推广。这些对乡村民宿经营者来说,确实存在较大困难。

2.对民宿经营存在认识上的误区

对民宿经营存在认识上的误区主要包括:不考虑自身村落的旅游资源禀赋、距离客源地交通状况、医疗卫生、基础设施等因素,认为所有乡村都适合开展旅游扶贫,认为城镇化新建房才适合进行民宿经营,认为民宿和农家乐没有区别,在卫生、服务质量方面没有提升的必要等。

3.规范化方面的问题

根据调查,江边组从事过酒店服务业工作村民的不足20%,而且多是在村寨、乡镇或龙胜县城客栈、经济型酒店从事客房服务、卫生保洁等基础性工作。乡村民宿经营者对酒店服务业规范化管理认识不足,主要包括从业人员普遍文化素质不高、管理上没有明确界定,导致民宿在整体经营上没有科学的管理和发展,对接待、客房、餐饮服务、物料布草管理、财务管理等方面缺乏规范性技能,民宿卫生、消防条件等不达标。

4.个性化方面的问题

个性化方面的问题主要包括:一些民宿在建设中盲目地攀比装修等硬件设施,而忽略主题的营造等软件问题,导致同质化问题的出现;缺乏对周边游产品的深度挖掘,满足于常规景点门票售卖;对特色农副产品没有深度挖掘,或未将其与民宿特色进行有机整合;缺乏后期对客户的个性化追踪和客户关系维护等。

5.营销推广方面的问题

营销推广方面的问题主要包括:缺乏线上推广技能,对线上推广渠道不熟悉;线下获客面较窄;推广成本高等。

上述问题的存在除乡村社区原住民普遍文化程度较低、缺乏专业知识和技能外,也与民宿经营领域广泛存在的二元化现象,即传统农家乐与现代精品民宿的不同属性、原住民经营户与外来民宿主之间的理念、知识、技能、资本差异有着重要的关系。爱彼迎桂林龙胜乡村旅游扶贫项目以分享经济理念为基础,以信息技术为纽带,通过基于互联网的共享平台和人人参与的大众化市场,将原本在线下难以对接的供给与需求有效衔接,在所有者和需求者之间实现闲置资源使用权的共享。具体而言,该项目就是在旅游扶贫的过程中,导入分享理念,实现产业界、学界、政府和扶贫社区在资本、知识、权力、劳动力、旅游资源等方面的整合,从而达到分享住宿、分享知识(技能)、分享生活的目的。

三、分层递进式"三位一体"旅游扶智模式的构建

旅游扶贫的优势在于,通过让游客看得见山、望得见水、记得住乡愁,在舒缓身心、满足情结的基础上,通过住宿、餐饮、土特产品消费,帮助乡村社区脱贫致富。对乡村民宿扶贫来说,硬件基础设施和接待设施的投入是基础,软性的服务理念、专业知识和技能是支撑,在爱彼迎桂林龙胜乡村旅游扶贫项目实施中,项目团队通过构建分层递进式"三位一体"旅游扶智新路径,为助力乡村社区终身学习提供了积极探索。

1.项目运营前的"三位一体"旅游扶智模式

项目运营前的旅游扶智主要从理念引领、知识导入、技能培训三个方面开展。

一是理念引领。理念引领包括分享经济理念和现代接待业理念影响和引领。在具体的实施中,我们通过编撰《乡村民宿经营指南》、专业技能培训、优秀

民宿主分享等活动将先进的理念注入项目全过程。特别是《乡村民宿经营指南》的编写，我们结合专家意见，对受众群体进行画像，将受众群体定位为有条件进行旅游开发的乡村中有意愿、有能力从事民宿行业的群体，调研中也了解到，这部分群体一般具有头脑活跃、知识水平相对较高、有外出求学或打工经历等，对先进的理念更容易理解和吸收。这些理念包括负责任旅游、在地文化保护和传承、主客共享和新型主客关系的建立、社区发展、有机种植和永续农业、乡村可持续发展等，通过上述理念，我们试图告诉乡村民宿经营者，他们不是住宿和农副产品的贩卖者，而是乡村生活方式和优质食材的提供者。

二是知识导入。此环节充分考虑到受众群体的特点，将专业化知识转化为易理解、易吸收的内容，提高受众群体的阅读兴趣。《乡村民宿经营指南》按民宿经营流程的时间轴展开编写，将指南划分为开业前的准备、民宿推广、客人来了三个部分，分别涵盖选址、设计、改造、推广、试运营、社区关系、餐饮服务、周边旅游线路开发、农副产品、评价与反馈等板块，并充分考虑到标准化与个性化相结合，既有民宿接待的基本要求和规范，又兼具特色化的设计、推广、民宿服务、餐饮、旅游线路设计、农副产品经营等建议。

三是技能培训。在爱彼迎桂林龙胜乡村旅游扶贫项目中，我们对当地已从事旅游接待业的农户进行了调研，发现存在民宿客房、餐厅卫生较差、从业人员缺乏服务规范和礼仪培训、当地料理单一、缺乏适合境外客人口味的菜肴、线上推广能力较差等问题，针对这些问题，充分发挥高校师资优势开展了包括房务、餐饮服务、烹饪料理、礼仪等内容的3次专业技能集中培训、1次爱彼迎优秀房东运营分享培训。培训融入了理论授课、实践教学、互动教学等授课形式，做到培训前期有需求分析、培训过程严谨、培训后有总结反馈，受到了村民的广泛欢迎。在培训中，村民和培训讲师之间的互动也很频繁，这也让我们意识到，农户学习专业技能的意愿很强烈，这样的培训也需要形成长期机制。项目运营前"三位一体"旅游扶智模式如图9-1所示。

图 9-1　项目运营前"三位一体"旅游扶智模式

2.项目运营中的新"三位一体"旅游扶智模式构建

虽然前期培训取得了较好的效果,但也暴露出很多问题,主要反映在:培训体系主要依托酒店业常规培训要点开展,针对性不强,没有结合民宿经营的特点;培训对象多数没有服务业的工作经历,短期培训无法使村民掌握必要的操作技能;培训没有和运营相结合,无法真实反映运营中存在的实际问题。针对这些问题,项目团队组织老师进行讨论,对原模式进行了修改和完善,形成了新的"三位一体"旅游扶智模式,即沉浸式在岗培训、提升式集中培训、主客互动智慧共享。

一是沉浸式在岗培训。项目团队与民宿管理公司"瓦当瓦舍"合作,制订了详细的在岗培训计划,包括客房清洁、接待流程、安全管理、财务管理、投诉处理、后台系统使用等知识点,对遴选出来的 3 名当地女性管家在 3 个半月时间内进行了累计 30 次的在岗培训,平均每 3 天进行一次培训。培训密度大、频率高,与工作实际结合性很强,培训过程和培训测评相结合,每次培训后进行测评,每月进行一次大的测评,从测评结果来看,管家在短期内初步具备了上岗能力。

二是提升式集中培训。针对民宿培训缺乏教材的情况,项目团队结合初期编撰的《乡村民宿经营指南》和民宿经营管理实际,制订了"民宿管家教程",包含民宿概述、接待、安全、餐饮、房务、平台营销、沟通、财务、周边体验等 9 个模块。在初级培训的基础上,项目团队结合教程对管家进行了 9 次集中培训和 2

次提升培训。提升式集中培训主要针对乡村管家在第一阶段培训中出现的问题及难点进行提升。比如,针对乡村管家沟通能力较差、接待经验不足的情况,进行了沟通能力培训和接待流程培训,较好地提升了管家的实际沟通能力和接待能力。提升式集中培训是在岗培训的有效补充,如果说在岗培训解决了面的问题,提升式集中培训则针对难点和重点,解决关键点问题。提升式集中培训的形式也可以多样化,包括线上和线下,线下也包括理论讲授、案例讲授和现场教学等。

在项目运营中,项目团队还将"民宿管家教程"进一步升级为《现代乡村民宿经营与管理实务》,并于 2020 年 1 月正式出版,填补了乡村民宿缺乏正式教材的空白。

三是主客互动智慧共享。这个模块的设计立足"大教育"理念,打破教育者和受教育人群的职业边界,进行位置互换,将乡村管家的田园生活智慧和都市客人的现代视野、文化修养相结合,力图取长补短、共享智慧、各取所需,达到构建新型主客关系、城乡关系的目的。乡村管家普遍存在文化水平低、视野不够开阔、对现代生活品质缺乏认知等问题,这些问题也很难在短时期内快速解决,但是通过高密度地与高素质都市客源开展互动,对开阔视野、提升修养起到较好的作用。而都市客人从管家身上也学到了乡村生活方式和生存技巧,对乡村的体验更加丰满、认识更加深刻。这个模块的高级阶段可以做到通过事先沟通,遴选一些有能力、有意愿的重点"客人导师",到乡村小学上一堂课、与当地社区进行一次培训或者座谈,更好地反哺乡村社区的发展。当然,这是一个较漫长的过程,同时因为客人的需求和自身修养存在较大的差异性,具体的"客人导师"遴选和活动开展仍需要精细化的设计。项目运营中的"三位一体"旅游扶智模式构建如图 9-2 所示。

图 9-2　项目运营中的"三位一体"旅游扶智模式构建

四、结论及建议

从该项目的实践来看,旅游扶智是旅游扶贫中非常重要的环节,本地社区对旅游扶智也有强烈的意愿。我们在后期的调查中,发现 95% 以上的村民认为爱彼迎桂林龙胜乡村旅游扶贫项目给当地社区带来了良好的社会经济效应。同时,在爱彼迎桂林龙胜乡村旅游扶贫项目的示范作用下,65% 以上的村民具有强烈的经营民宿、从事乡村旅游业的意愿。共享经济模式可以充分发挥高校教育资源和优势,与社会教育资源实现资源整合,为本地社区搭建旅游扶智平台,从而达到共享理念、知识、技能的目的。当然,扶智的过程非常漫长,不可能一蹴而就,在"三位一体"的旅游扶智模式下,结合疫情后旅游发展的新困难、新情况,也需要注意做好以下几项工作。

一是要建立短期的扶助措施。2020 年的新冠疫情给旅游业带来了巨大冲击,江边组的民宿也受到了很大的影响。2021 年春节期间入住率不到 30%。在疫情冲击下,部分原计划从事民宿业的村民放弃了经营计划,原民宿主也采取多种方式自救。建议政府对旅游业的发展困难给予充分重视,对新兴的乡村民宿主提供包括发放旅游券、引流等综合性的短期扶助措施。

二是要总结项目经验,建立政府、产业界、学界和当地社区的良性合作机制,如政府出台相应政策,企业提供产业基金支持,民宿和当地社区积极开展民宿+特色产业+地方文化活动,实现民宿三大平台功能延展,即现代文明的辐射平台、本地传统文化的传播平台、乡村产业发展的融合平台。

三是要建立可持续发展的长期教育扶智机制。乡村振兴战略提出了产业兴旺、生态宜居、乡风文明、治理有效、生活富裕的总要求,高校要充分发挥在乡村振兴中人才教育主力军的作用,通过整合教育资源,实现教育资源优化提质升级,建立长期教育助力乡村振兴机制。这方面要努力实现"三个整合、三个构建":整合校内学科、专业、课程教育资源,聚焦乡村振兴突出问题,构建以问题为导向的应用型人才培养体系;整合高校间教育资源,聚焦继续教育发展,构建以非学历教育为主、成人学历教育为辅的继续教育培养体系;整合社会教育资源,聚焦构建服务全民的终身学习体系,打破教育者和受教育人群的职业边界,构建"大教育"理念。只有这样,现代应用型高校的建设和发展才能在乡村振兴的主战场上得到真正的淬炼。具体的培训活动要紧紧围绕乡村振兴战略的总要求,在继续突出民宿业务技能培训的同时,增加环保生态、有机农业、文明治理、传统礼仪以及农村产业化方面的培训等,使"三位一体"的旅游扶智模式更加丰满、充实。桂林旅游学院已经在研发乡村振兴沙盘课程,新型培训方法和工具的应用,将有效推升乡村振兴战略的实施。在基础教育方面,要利用产业扶助,建立教育基金,用于当地农户的继续教育和留守儿童的基础教育,特别是对儿童的基础教育,是改变乡村未来的关键所在。

乡村振兴是着眼未来的国家战略,民宿作为现代旅游服务业的新型业态,可以也应当在乡村振兴中发挥更大的作用,高校应充分发挥主力军作用,通过"三个整合、三个构建",有效整合校内、继续教育、社会教育资源,充分发挥广西金不换的环境资源优势、多姿多彩的民族文化优势,共同扶助现代民宿产业发展,将民宿打造成为现代文明的辐射平台、本地传统文化的传播平台、乡村产业发展的融合平台,成为凝心聚力建设中国特色社会主义壮美广西的有力支撑。

第三节　民宿领军人物案例

（一）人物简介

岳峰，"瓦当瓦舍"产品总监，广西民宿精品客栈与精品酒店协会秘书长，桂林民宿协会会长。

（二）经营民宿简介

阳朔禧朔源西街公馆连续三年获得携程网、Booking缤客网优秀奖项，阳朔精品酒店排名第一。

阳朔禧朔源月舍休闲度假酒店连续两年获得携程网、Booking缤客网优秀奖项，阳朔休闲度假酒店榜单第二。

桂林船舍茶棵民宿（七星店）连续五年获得 Booking 缤客网、Tripadvisor 猫途鹰网优秀奖项，被 Tripadvisor 猫途鹰网评选为中国民宿酒店类排名第一。

投资经营多家咖啡店——方几咖啡 TRAVELING COFFEE。

（三）采访内容

1.是什么原因让您决定从事民宿行业呢?

答：这说起来也算是一个机遇，之前从事的工作出于一些客观原因失败了，剩下了很多的设备家具，比如床、柜子、衣橱等，觉得不能浪费这些设备，就想着怎么能将这些原有的库存消化。于是就和合作伙伴商量决定转型，利用这些设备做民宿，当时阳朔做精品酒店的相对较少，正好我们的家具设备也比较贵，就做了精品酒店，就是这个原因让我决定从事民宿这个行业的。

2.您在进入这个行业时遇到的最大困难是什么? 您是如何解决和应对这些

困难的？

答：在刚进入这个行业时遇到的最大困难就是人与人之间的沟通和交流，因为我们从事民宿行业，需要租赁当地村民的房子，还要和村民进行交流，这个过程就比较复杂，沟通也比较难，涉及很多问题。因为当地居民大都是喜爱酒文化的，所以我的合作伙伴抓住这一点，与村民进行沟通，最终顺利解决了这个我们从事民宿行业前遇到的最大困难。在进入这个行业之后，还有一个令我比较头疼的事情就是线上OTA，也就是销售平台，如去哪儿网、携程网等一系列的销售平台。我们这些酒店民宿的销售业绩全靠OTA，但是这些平台会从中抽取大量利润，这对行业的打击是非常大的，这个问题我们无法解决，也是行业当前面临的最大困难。

3.您的工作经历非常丰富，能否和我们分享一些令您难忘的事情呢？

答：工作期间，也发生了很多有趣的事情，其中有一件事情令我非常难忘。当时一个德国朋友来到我们在阳朔的一家民宿，这个朋友特别喜欢桂林山水，入住民宿之后对民宿的服务感觉特别贴心，于是在回德国半个月后带着家人和朋友又一次来到了我们的民宿进行游玩，支持我们的民宿。我觉得这件事情是让我非常难忘的，也是对我们最大的支持。

4.最近几年经历了疫情冲击，您是如何应对疫情对民宿发展带来的问题呢？

答：疫情给民宿行业带来了很大的影响。我所经营的几家民宿，大概有三家确实在疫情的影响下没办法继续生存下去，于是我们就在合适的时间选择及时止损，剩下的几家民宿选择继续发展。因为在疫情影响下能够生存下来的民宿确实不多，当然我们也不是头部民宿品牌，生存也较为艰难。但是我们没有放弃，也做了很多尝试，我们将城市民宿的闲置空间改造成了一个咖啡厅，现在这个咖啡厅已经扩大发展有六七家了，民宿在外循环的同时我们进行了内循环，因为不是头部品牌很难将信息传递给客人，我们就利用咖啡厅宣传自己的民宿品牌，进而曝光我们的民宿，带动民宿的发展，这样就减少了OTA带来的威胁。

5.之后您对投资的民宿发展有哪些规划呢?

答:对于我投资的城市民宿,接下来我会继续植入我的咖啡文化,做平民化的民宿,即一个能够让旅行的人都能住得起的民宿,喝得起一杯咖啡的民宿,希望客人不仅是为了景点仅停留一个晚上,而是要在我的民宿里做停留,这就是我接下来的规划。

6.您认为民宿需要什么样的人才? 在经营过程中您又是怎样培养民宿所需要的人才的?

答:我认为民宿需要的人才主要应掌握两方面的知识,首先要具备心理学和社会学的相关知识,因为对这两门课程有一定学习的前提,能够与客人进行很好的沟通交流,能够很快与客人建立信任关系。其次不管从事哪个行业都需要具备的一点就是人品一定要好、要善良。在经营过程中我们培养人才就是要让员工对以上理念入脑入心入身,不能焦躁,要耐心与客人沟通,保证客人有很好的住宿体验。

7.您认为作为民宿业的管理者,最应该具备哪些素质呢?

答:我觉得作为民宿业的管理者,最基本的素质是会销售,具有基础的一些管理知识。其次,很重要的一点是不能对客人态度不好,认为这个客人这一辈子只会来住一次,这种想法是不对的,我希望能够把客人当成自己的朋友,希望他们能够再次来到桂林,来到我的民宿。这两个方面在我看来是民宿业的管理者应该具备的素质。

8.您作为桂林民宿协会的会长,对桂林民宿产业目前的发展现状是如何看待的呢?

答:目前桂林民宿产业的发展现状其实在我看来并不乐观,就整个桂林在全国旅游目的地的表现来看,表现得并不突出。桂林是一个传统的旅行目的地,还存在很多问题,没有走到市场前端,还在以旧方式接待新客人,没有进行创新。另外,好多民宿的基础设施都是为了大型团队置办的,快进快出,而不是为了旅行,没有根据市场的行情调整自己的定位,导致供大于求。受疫情的影响下,客人的审美、生活品质等都发生了很大的改变,而我们的民宿产品很多已经落后于客人的审美,因此我觉得桂林民宿产业必须作出相应的改变。

9.对于未来民宿产业的发展趋势,您有什么期望和想法吗?

答:现在民宿和乡村振兴是紧密联系起来的,我认为未来民宿产业的发展会越来越好。我希望之后的民宿在发展的过程中不能仅用房量、房价定义一家民宿的好坏,因为民宿是为大众提供旅行住宿的产品,不应该只做高端、网红民宿,而应做到人性化、大众化,要将个人兴趣爱好融入民宿,有自己独特的经营理念,这样才能更加持久地发展下去。

结　语

　　小民宿,大舞台。曾经作为住宿业补充的民宿,在新冠疫情带来的重重挑战下,在消费升级和供给侧结构性改革的新形势下,承担了更多的使命,肩负着乡村振兴、促进消费、推广在地文化等重任,也成为正处于转型期的桂林旅游重要的支撑点。本书课题组通过广泛调查、走访、座谈,试图对桂林民宿产业发展的现状、经验进行整体的了解,分析存在的困难,找到民宿产业可持续发展的思路和对策。

　　1.桂林民宿产业创新发展经验,主要体现在管理机制创新、发展模式创新、品牌建设创新等方面。桂林民宿产业通过资源整合、合作共享、创新特色、政策支持,不断探索民宿产业发展新模式,从而实现多方共赢,为其他地区的民宿产业发展提供了可推广、可分享、可借鉴的“桂林经验”。

　　2.桂林民宿产业可以通过宏观层面增加政策供给,依法规范管理,中观层面建立有效的民宿产业治理体系,打造有利于民宿产业发展的制度环境、生态空间和人文氛围,微观层面强化培训,创新营销模式,提升服务质量,推进桂林民宿产业规范化、特色化、精品化、集聚化、智慧化、多元化高质量发展。

　　3.当前,桂林民宿产业发展应重点走好两横两纵一核心的“井”字发展道路:两横为推动头部民宿和民宿聚集区在规范化、个性化基础上向高端化、精品化发展,经济型民宿和普通乡村民宿向规范化、个性化发展;两纵为深挖桂林在地文化特点、打造民宿主人文化和主人精神；一核心为"融合"，即文旅融合、城乡融合、社区融合、主客融合。

4.桂林民宿产业根植桂林，不但为游客提供了桂林最优秀的山水、文化和民俗体验，也是桂林旅游从自然观光型向复合式康养度假、休闲体验、研学探究型转变的有力支撑，更是桂林旅游新品牌形象建构的重要组成部分。

参考文献

［1］李永春.扶知、扶智、扶志:新时期教育扶贫的三重策略［J］.教育理论与实践,2020,40(13):28-32.

［2］刘愿理,廖和平,李靖,等.后 2020 时期农户相对贫困测度及机理分析:以重庆市长寿区为例［J］.地理科学进展,2020,39(6):960-971.

［3］李永文,陈玉英.旅游扶贫及其对策研究［J］.北京第二外国语学院学报,2002,24(4):74-76,89.

［4］刘玉凤.江西旅游智力扶贫对策研究［J］.南昌师范学院学报,2018,39(2):11-13,21.

［5］蒋焕洲.贵州民族地区旅游扶贫实践:成效、问题与对策思考［J］.广西财经学院学报,2014,27(1):34-37,48.

［6］马亮.南通落实乡村振兴战略的若干问题探析［J］.中共南京市委党校学报,2018(2):72-75.

［7］李凯,王振振,刘涛.西南连片特困地区乡村旅游的减贫效应分析:基于广西 235 个村庄的调查［J］.人文地理,2020,35(6):115-121.

［8］周阳.旅游产业扶贫的精准聚焦路径与实践［J］.社会科学家,2020(11):50-55.

［9］伍世安,傅伟.共享经济研究新进展:一个文献综述［J］.江淮论坛,2020(3):44-54.

［10］刘德胜,刘桂荣,张玉明.共享经济下企业参与精准扶贫的模式研究［J］.管理案例研究与评论,2020,13(4):368-384.

［11］张尔升,刘婷.乡村振兴战略与共享经济模式探析:以海南共享农庄为例［J］.安徽农业大学学报(社会科学版),2020,29(3):1-7.

［12］李东明.浙江省乡村旅游民宿发展的问题及对策［J］.中国市场,2017(29):239-240.